Text und Fotos von Wolfgang Dähnhard

Heuriger und Buschenschank

Wegweiser zu österreichischen Weinspezialitäten

Hädecke

Gestaltung: Art Direction Andreas Porsch

Satz: Studio Hauer, Salzburg
Printed in Germany 1997

ISBN 3-7750-0295-2

Inhalt

Vorwort

Als seit fast zwanzig Jahren in Wien lebender gebürtiger Hamburger habe ich in dieser Stadt - und im Laufe der Zeit als Weinjournalist auch in den anderen Weinbauregionen Österreichs - eine Institution kennen und schätzen gelernt, die ich seither anderswo oft vermisse: den Heurigen bzw. Buschenschank. Was mir fehlt, ist die unkomplizierte Art, am Weingut ein (oder mehrere) Glas aus eigenem Anbau zu trinken, eine halbe Stunde zu bleiben oder einen halben Tag, etwas zu essen oder nicht, allein zu sein, zu zweit oder in größerer Gesellschaft, Geburtstag oder Hochzeit zu feiern, Schulkollegen bei einem Klassentreffen wiederzusehen oder nach einer Beerdigung ein letztes Mal auf den Verstorbenen anzustossen, ...

Es gibt viele Gründe, zum Heurigen zu gehen, und noch mehr Möglichkeiten. Die Eltern meiner Frau etwa pflegten früher im Sommer ab und zu ins „Gärtlein" zu fahren, wie familienintern der Heurige genannt wurde, um dort im Grünen das Abendessen einzunehmen. Die Kinder konnten sich ein, zwei Stunden im Freien austoben, und zu den Fernsehnachrichten um 19.30 war man spätestens wieder zu Hause. Für mich selbst wurde der Heurige zu einem Ort der Entspannung, abseits der Hektik des Alltags; ein Platz zum Aufwärmen nach einem Winterspaziergang, im Sommer einer der Erholung von der Hitze der Großstadt oder der Beschaulichkeit beim Blick über das steirische Hugelland. Dazu kommen die Neugier, wie der „heurige Wein" geworden ist, und die Abwechslung, weil nicht jeder Winzer immer „ausg'steckt" hat.

Mit diesem Buch möchte ich Sie einführen in das Wesen von Heurigem und Buschenschank und hin zu meinen Lieblingsadressen, vom rustikalen Buschenschank in einer Kellergasse bis zum Wiener Nobelheurigen. Allen gemeinsam ist, daß sie ausschließlich Eigenbauwein anbieten und - jeder auf seine Weise - die gewisse Atmosphäre haben, die es eben nur beim Heurigen und im Buschenschank gibt.

Wolfgang Dähnhard Wien, April 1997

Was ist ein echter Heuriger?

Der Heurige ist einerseits der Wein des jeweiligen jungen Jahrgangs, der ab 11. November nach der Lese ausgeschenkt werden darf, andererseits bezeichnet Heuriger auch das Lokal, wo dieser Wein getrunken wird. (Achtung: Mit „die Heurigen“ in der Mehrzahl sind Frühkartoffeln gemeint!) Heurige und Buschenschenken gibt es in allen Weinbauregionen Österreichs, das heißt also im Osten und Südosten in den Bundesländern Wien, Niederösterreich, Burgenland und Steiermark. Sie sind ihrem Wesen nach Teil von landwirtschaftlichen Betrieben; das Gastlokal muß zum Gut gehören. Das mag vielleicht seltsam anmuten, wenn man an Wiener Heurige denkt, also an solche in einer Großstadt. Dennoch: beim Winzer zu Besuch, lautet die Devise, und im Mittelpunkt des Angebots steht der Eigenbauwein. Die betreffenden gesetzlichen Bestimmungen variieren von Bundesland zu Bundesland leicht; Hauptsache bleibt aber, daß ausschließlich selbstgefechster (selbst an- und ausgebauter) Wein ausgeschenkt werden darf, der aus dem Gebiet der jeweiligen Gemeinde bzw. aus dem Umkreis von 10 Kilometern stammt. Weder Trauben noch Wein dürfen zugekauft werden, Branntwein, Kaffee oder Bier sowie Glühwein dürfen nicht offeriert werden, und Spiele sowie Tanzveranstaltungen sind verboten. In Wien wird Heuriger als Synonym für die eigentlich richtige Bezeichnung Buschenschank verwendet; Heuriger ist als Begriff nicht geschützt und wird auch gerne für gewerbliche Gastwirtschaften gebraucht. Als Zeichen für die echten Buschenschenken - und daher kommt der Name - gilt der am Eingang ausgehängte Buschen, der signalisiert, daß nur selbst erzeugter Wein angeboten wird. (Übrigens ist der Artikel für Buschenschank regional unterschiedlich der oder die, ebenso die Mehrzahlbildung -schenken oder -schanken.) Heute haben die meisten Heurigen und Buschenschenken eigene Gasträume. Früher war es jedoch üblich, daß in den Ausssteck-Wochen das Wohnzimmer der Winzerfamilie ausgeräumt wurde und die Möbel Tischen und Bän-

ken für die Besucher Platz machten. Und auch jetzt noch sind es manchmal zwar nicht die privaten Räume, aber zum Beispiel der Keller oder das Preßhaus, in denen ausgeschenkt wird. Ein wichtiger Bestandteil eines Buschenschanks ist der Garten, oft mit Blick in die Weingärten oder mit schattigen Lauben, wo es gerade die Städter hinzieht, die ein paar Stunden im Grünen verbringen wollen. Für Kinder steht fast überall ein Spielplatz zum Austoben zur Verfügung. So unterschiedlich die einzelnen Weingüter je nach Lage, Größe und Architektur sind, so sehr differieren die dazugehörigen Buschenschenken. Der eine Winzer stellt in der Kellergasse vor seinem Preßhaus ein paar längliche Tische mit je zwei Bänken ohne Lehne auf - die sogenannten Heurigengarnituren -, ein anderer

empfängt die Gäste im Hof seines Schlosses, bei einem dritten genießt der Besucher die traumhafte Fernsicht... (Apropos Heurigengarnitur: die Tische sind oft grün lackiert - die Farbe Grün läßt nämlich den Wein funkeln, vor allem wenn die Sonne auf den Tisch scheint.) Selten gibt es noch gemeinschaftliche Schanklokale, die von abwechselnd aussteckenden Winzern eines Ortes gemietet werden können. Wie auch immer, meist ist in den Buschenschenken und Heurigen die ganze Familie im Einsatz: Ehefrauen, Mütter und Omas kümmern sich üblicherweise um das Essen, die Männer sind die Weinmacher, ältere Kinder und diverse Verwandte servieren. Zur Unterscheidung von weitverzweigten Familien werden häufig Doppel- oder Vulgonamen verwendet, wobei dem eigentlichen Familiennamen eine Berufsbezeichnung, eine Anschrift oder der Name der weiblichen Linie (der früher bei Heirat nicht beibehalten wurde) bzw. eines früheren Hausbesitzers beigefügt wird; mitunter kann man sich jedoch nur an den Vor- oder den Hofnamen orientieren. Bei fast allen Buschenschenken ist es möglich Wein zum Mitnehmen zu kaufen, bei einigen auch andere Produkte aus eigener Landwirtschaft wie Kernöl, Honig, Marmeladen, Fruchtsäfte, Eier, Würste, Schnäpse...

Geschichte

Die Geschichte von Heurigem und Buschenschank läßt sich bis in die Zeit der römischen Besiedelung zurückverfolgen. Ein General namens Gallienus, der im 3. Jahrhundert unter Kaiser Marcus Aurelius Probus (der das Pflanzen von Reben in den Provinzen erlaubt hatte, weil der Weintransport aus Italien bis zu den Grenzbefestigungen gegen die Germanen zu teuer wurde, die Soldaten aber das Recht auf eine tägliche Ration Wein hatten) in Vindobona (Wien) gedient hatte, soll nach seiner Abrüstung im heutigen 19. Bezirk einen eigenen Weingarten angelegt und den Wein in einer kleinen Schenke verkauft haben. 795 wurde von Kaiser Karl dem Großen im „Capitulare de villis“ auch der Ausschank von selbsterzeugtem Wein geregelt; die Winzer durften ihre Lokale höchstens drei Monate geöffnet haben und sollten ihre Schankzeiten durch das Aushängen eines Traubenkranzes, des sogenannten „Weinzeigers“, kundtun. Schon damals und ebenso in der Folgezeit galt: es durfte ausschließlich Eigenbauwein verkauft werden. In den mittelalterlichen Leitgeb-Stuben (vom Wirt = „Leitgeb“ wurde Wein „an die Leute gegeben“) gab es zum selbstgefechsten Wein an Speisen nur prat (Brot), zwiral (Zwiebeln) und adschleich (Knoblauch), jedoch keine warmen Gerichte, zum Schutz der bestehenden Gaststätten und Wirtshäuser. 1752 wurde durch ein Dekret des Wiener Magistrats die Anstellung von Frauen als Kellnerinnen untersagt, um der Prostitution entgegen zu wirken. Zur Grundlage der heute gültigen Buschenschankgesetze wurde die 1784 erlassene Josephinische Zirkularverordnung: *„Ungeachtet durch mehrere Verordnungen den Grundherrschaften ausdrücklich verboten wird, ihren Unterthanen einige Naturalien, in was immer für einem Masse zum Kaufe oder Verkaufe aufzudringen, so haben sich dennoch verschiedene Fälle ereignet, welche die Ausserachtlassung dieses Gesetzes beweisen, und die Erneuerung desselben zum Schutze der Unterthanen nothwendig machen. Wir verbieten also hiemit allen Grundobrigkeiten bei schwerster Bestrafung, ihren Unterthanen, unter was immer für einem Namen und Vorwande,*

Lebensmittel oder Getränke, zum Kaufe, Verkaufe oder Ausschanke auf obrigkeitliche Rechnung aufzudringen, oder dieselben zu zwingen, zu einem höheren Preise, als die Obrigkeit auszuschenken; und geben hingegen jedem die Freyheit, die von ihm selbst erzeugten Lebensmittel, Wein, und Obstmost zu allen Zeiten des Jahrs, wie, wann und in welchem Preise er will, zu verkaufen, oder auszuschenken. Wien den 17ten August 1784". Das war quasi die offizielle Geburtsstunde des Buschenschanks. Der Hintergrund war folgender: Wirte aus Salcano, einem Dorf in der Nähe von Görz (Friaul), hatten sich beklagt, daß Graf Delmetri sie zwingen wolle, Wein aus seinen Gütern auszuschenken. Nun hatte Kaiser Joseph II. wenige Jahre zuvor die Leibeigenschaft aufgehoben, sodaß ihn dieses „Obrigkeitsverhalten" zur genannten Verordnung veranlaßte. Die „Leutgebstube" des Mittelalters hat sich bis heute freilich gewandelt. Ein Schein von „österreichischer Gemütlichkeit" wird von Heurigen transportiert, die weniger auf Qualität achten als auf Massenabfertigung von Touristen. Darunter leidet auch die Landschaft als Kulturträger. Bedauerlicherweise sind diejenigen Fremdenverkehrsorte, die etwa in Heimatfilmen oder Fernsehserien als Inbegriff von Wein- und Heurigendörfern hochstilisiert wurden und Scharen von fremden Gästen anlocken, davon am meisten betroffen und haben um Authentizität und Glaubwürdigkeit zu kämpfen. Sei es nun in Grinzing, in Gumpoldskirchen, in der Wachau, an der Schilcher- oder der südsteirischen Weinstraße oder sonst irgendwo: mit zunehmender Beliebtheit und der Vermarktung als touristischem Anziehungspunkt haben sich „Heurigenlokale" entwickelt, die über eine Gastgewerbekonzession verfügen, zugekauften Wein ausschenken und für die selbst Bier nicht tabu ist (bisherige Krönung dieser Tendenz ist die Eigenwerbung „Der Heurige mit der Biertheke"). Solche Betriebe sind an ihrer Bezeichnung nicht eindeutig zu erkennen: Namen, die „Heuriger" oder „Schenke" beinhalten, sind zulässig. Dafür gibt es jedoch (noch) genügend andere, die sich voll Stolz auf das Recht Kaiser Josephs berufen: *„...die von ihm selbst erzeugten Lebensmittel, Wein und Obstmost... zu verkaufen oder auszuschenken."*

Ausg'steckt is

Ausg'steckt is - das bedeutet, daß bei einem Heurigen bzw. Buschenschank Wein ausgeschenkt wird. Ausg'steckt ist nämlich nicht ständig, sondern periodisch - wobei die Aussteck-Zeiten zwischen wenigen Wochen und 300 Tagen im Jahr schwanken können (ganzjährig täglich ausstecken darf nur, wer mehr als eine Buschenschankgenehmigung in der Familie besitzt; eine Ausnahme sind die steirischen Buschenschenken, für die diese Beschränkung nicht gilt). Ein Buschenschank kann also nur am Wochenende, oder nur in bestimmten Monaten oder zu sonst festgelegten Zeiten - mit oder ohne Ruhetag/e - ausstecken. Das hängt ganz von den Gegebenheiten des jeweiligen Weinguts - das heißt der anstehenden Arbeit in den Weingärten und im Keller - und der Verfügbarkeit von Helfern, sei es aus der Familie, aus dem Freundeskreis oder von anderen Kräften, ab. Wie erfährt nun der potentielle Gast, ob er bei einem bestimmten Winzer einkehren kann? Zu allererst einmal am Aussteck-Zeichen: meistens ist das ein Föhren- oder Tannenbuschen, manchmal auch ein Strauß aus Buchsbaumzweigen, am Tor oder am Giebel angebracht; in der Wachau ist es sonnenförmig geflochtenes Stroh, im Weinviertel um Poysdorf und Falkenstein sind es lange Hobelscharten. Oft sind diese Heurigenzeiger mit Bändern geschmückt, die in ihrer ursprünglichen Bedeutung weiß/grün und/oder weiß/rot mitteilen, daß Weiß- und/oder Rotwein ausgeschenkt werden - allerdings immer aus dem Eigenbau! Auch eine grüne Heurigentafel mit dem Namen des Besitzers oder in Wien das „Plakat" mit der Josephinischen Zirkularverordnung und einer Nummer des Wiener Landesweinbauverbandes bzw. das eher seltene, runde frühere Wiener Weinsiegel „Original Wiener Heuriger" mit dem Stephansdom sind Garanten, daß es sich um echte Buschenschenken handelt. In Wien und Niederösterreich gibt es an zentralen Plätzen - Straßenbahnhaltestellen, größeren Parkplätzen, Hauptstraßen... Tafeln, an denen jeder Weinbauer, der aussteckt, sein kleines Schild anbringt. In der Steiermark wird noch hie und da die alte Tradition gepflegt und ein Schankbaum, ähnlich dem Maibaum, von jungen Burschen des Ortes für eine Jause als Gegenleistung aufgestellt. Manche Heurige und Buschenschenken lassen auch sogenannte Heurigenkalender drucken: einfache Jahreskalender, in denen die Aussteckzeiten farblich unterlegt sind; oder sie verschicken an alle Interessenten, die ihre Adresse hinterlassen, Postkarten mit der Ankündigung des nächsten Aussteck-Termins. Wer nicht sicher ist, sollte am besten anrufen. Das gilt auch für die eigentlichen Öffnungszeiten, die stark schwanken, und prinzipiell - mit regionalen Abweichungen - zwischen 8.00 und 24.00 Uhr erlaubt sind. Die meisten Buschenschenken öffnen erst am Nachmittag, eventuell mit Ausnahme der Wochenenden und Feiertage, an denen schon mittags aufgemacht wird; Sperrstunde ist meist zwischen 22.00 und 24.00 Uhr. Ob offen ist, erkennt man an einer erleuchteten Glühbirne oder Laterne im oder neben dem Buschen.

Die leuchtende Glühbirne am Buschen: es ist Zeit, um einzukehren.

Der Wein

Der Wein ist das A und O beim Heurigen und im Buschenschank. Der typische Wiener Heurigenwein ist ein offen ausgeschenkter Gemischter Satz, der aus Trauben verschiedener Sorten gekeltert wurde, die in einem Weingarten gemischt standen und gemeinsam gelesen und ausgebaut wurden - im Gegensatz zur sogenannten Cuvée, die aus mehreren getrennt ausgebauten Weinen zusammengestellt wird. Die Idee dahinter ist, bei einem mittleren Erntetermin die Vorteile der frühen Sorten - die quasi spät gelesen werden und Reife und Fülle entwickeln können - mit jenen der späteren Sorten - die noch nicht so weit ausgereift sind und daher Frische und Säure bringen - zu verbinden. In der Steiermark als Mischsatz sowie als Gumpoldskirchner (der allerdings heutzutage überwiegend als Cuvée vinifiziert wird) oder als Uhudler im Südburgenland hat dieser Weintyp ebenso Tradition. Aber auch reinsortige, je nach Region unterschiedliche Schankweine werden angeboten. Differenziert wird dabei besonders in Wien zwischen Heurigem und Altem. Der Heurige ist der Wein des aktuellen Jahrgangs, der ab 11. November nach der Lese ausgeschenkt werden darf. Bis dahin macht er die Stadien Most - Sturm (in der Gärung befindlich) - Staubiger (noch trüber Jungwein) durch und wird in all diesen Phasen gern getrunken. Man hüte sich allerdings davor, bei diesen Getränken „Prost!" zu sagen - das bringt Unglück; bis zum 11. November bzw. bis zur offiziellen Weintaufe heißt es „Mahlzeit!". Ab diesem Datum wird der Heurige des Vorjahrs zum Altwein (der allerdings noch bis Jahresende als Heuriger angeboten werden darf). Der Heurige ist meist unkompliziert zu trinken und hat - wie es der Charakteristik der österreichischen Weine entspricht - eine feine Fruchtigkeit und frische Säure, während der reifere Altwein runder und molliger schmeckt. (Apropos österreichische Weine: beim Heurigen und im Buschenschank gibt es zwar auch Rotwein, aber typisch ist der trockene Weiße!) Als Gebinde für die Aufbewahrung zwischen Faß und Ausschank dient der Doppler, eine einfache Flasche mit 2 Litern Inhalt. (Naturgemäß beginnen sich auch bei den typischen Heurigen technische Neuerungen durchzusetzen; der Doppler muß mehr und mehr modernen, computergesteuerten Schankanlagen weichen.) Der offene Schankwein - Heuriger, Alter, reinsortig oder als Mischsatz - wird in der Maßeinheit Viertel(liter) im dickwandigen Henkelglas serviert; bestellt man nur ein Achtel, bekommt man meistens ein eben nur zur Hälfte gefülltes Glas. Oft sind diese Gläser mit Weinblättern dekoriert, wobei in Gläser mit hellen Blättern üblicherweise der Heurige eingeschenkt wird, in Gläser mit dunkleren der Altwein. Das Henkelglas wurde eingeführt, weil man früher mit den Fingern aß und das Glas so nicht verschmutzt wurde. Getränke werden beim Heurigen serviert und auf einem Zettel, der Stricherlliste, wird mit kleinen Strichen die Konsumation notiert. Dieser Zettel wird in ein - oft mit einem bunten Klebeband - markiertes Glas auf dem Tisch gesteckt. Mehrere Personen an einem Tisch ordern meist einen (oder mehrere) Liter, der in einer Karaffe gebracht wird. Will man den Wein nicht pur trinken, bestellt man einen G'spritzten - je etwa zur Hälfte Wein und Sodawasser - oder in der Steiermark eine Mischung (mit Mineralwasser) oder (mit Apfelsaft) Kaisermischung. Wer will, ordert Wein und Soda getrennt und mixt es nach Geschmack zusammen. Für den Spezi - das ist der beste offen ausgeschenkte Wein - gibt es häufig auch eigene Gläser, zum Beispiel Römer. Zum Abschluß wird von einer fröhlichen Runde mitunter noch ein besonderer Wein zum Drüberstreuen verlangt oder ein Fluchtachtel. Werden Bouteillenweine angeboten, serviert man diese üblicherweise in bzw. mit Stielgläsern - was von manchem Heurigenbesucher als schlimmer Stilbruch angesehen wird. Früher wurde beim Heurigen mehr getrunken, heute wird mehr auf Qualität geachtet. Dennoch kann der Weinkonsum - auch Süffeln, Tschechern oder Pipperln genannt - zu unterschiedlichen Stufen von Betrunkenheit führen. Die erste ist der Schwips, später ist man angedudelt, eing'spritzt oder ang'straat, schließlich ang'flaschlt, fett oder schlimmer vollfett, hat einen sitzen, einen Fetz'n oder Schwamm - worauf am nächsten Tag unweigerlich ein Kater folgt.

Für durstige Gäste: Henkelgläser,
Karaffen und Siphonflasche

Die Jahrgänge seit 1979

1979 war einer der raren Jahrgänge, wo vor allem für trockene Weißweine - von regionalen Abweichungen abgesehen - fast alles stimmte und der große Weine erbrachte, auch im Prädikatsbereich. Die besten sind heute noch ein Genuß. *1980* war ein kleiner Jahrgang mit größerer Menge und mit überdurchschnittlich vielen aufgebesserten Weinen. *1981* dagegen erbrachte eine geringe Ernte. Bei den trocken ausgebauten Weißweinen konnten vor allem Riesling und Grüner Veltliner überzeugen; die Rotweine fielen passabel aus. *1982* war mit wenigen Ausnahmen einer der schwächsten Jahrgänge im 80er Jahrzehnt, jedoch mengenmäßig eine Rekordernte. *1983* wurde die Qualität der Weine überschätzt; sie sind oft säurearm, sehr alkoholreich und eindimensional. Im Burgenland wurden neben guten Weißweinen auch passable rote gekeltert. *1984* gab es nur ganz wenige gute Weine, die man heute aber noch mit Freude trinken kann (Wachau, Kamptal), vor allem im trockenen und im Prädikatsbereich der weißen Sorten. *1985* erbrachte einige sehr gute Qualitäten, wie im Burgenland vor allem beim Rotwein. Ein zumeist unterschätzter Jahrgang, wie etwa in der Steiermark. *1986* ist allgemein gut bis hervorragend einzustufen, auch die hohen Prädikate aus dem Burgenland, mit guter Säurestruktur und Extrakten. *1987* erzielten die besten Winzer gute Weine; Rotweine können nicht überzeugen. *1988* brachte ein verregneter Sommer eine sehr kleine Ernte mit nur leichten Qualitäten. In einigen Regionen war der Herbst lang und schön. Die Weine waren bereits früh trinkbar. In den Mengen war *1989* ein eher kleiner Jahrgang, aber qualitätsmäßig einer der besten 80er. In der Steiermark entwickelte er sich als der beste und feinste der achtziger Jahre (mit Ausnahme der Burgundersorten). In der Wachau und im Kamptal konnten sehr gute Rieslinge und Veltliner gelesen werden, die immer noch ein Genuß sind. *1990* erbrachte sehr unterschiedliche Qualitäten. Er ergab insgesamt fruchtige und kompakte Rotweine, deren Reifepotential aber vermutlich unter dem der 89er liegt. Ebenso entwickeln sich die Weißweine, die schon erstaunlich früh „fertig" waren und Ähnlichkeit mit den Jahrgängen 1983, 1986 und 1988 aufweisen. *1991* konnten angenehme Weiß- und fruchtige Rotweine gekeltert werden. In der Thermenregion wirkte sich das Übermaß an Säure gut aus, bei einer wie üblich hohen Zuckergradation und gutem Reifepotential. Die Rotweine fielen meist etwas hart aus. Unter den Weißweinen gab es gute Qualitäten in der Wachau, im Kamptal und in der Thermenregion. *1992* waren eindeutig bei den weißen Sorten die Burgundersorten, aber auch die fruchtigen Sorten wie Riesling im Vorteil. In der Steiermark wurden unterschiedliche Qualitäten erzeugt; in Wien konnten zum Teil sehr gute Qualitäten (Nußberg, Bisamberg) gelesen werden, während in der Thermenregion nur dort besondere Weine entstanden, wo die Winzer rechtzeitig auf die Bedingungen des Jahres 92 reagiert hatten. Viele Rotweine beeindruckten am Anfang durch dichte Farbe, Tannine und Fruchtigkeit. Einige Cuvées werden sich zu großen Weinen entwickeln, die fruchtbetonten Sorten sollten bald getrunken sein (vielleicht mit Ausnahme von Weinen aus dem Mittelburgenland). *1993* liegen die Säurewerte über denjenigen vom Vorjahr, was gerade für fruchtbetonte Sorten von Vorteil ist (besonders ausgeprägt in der Wachau und im Kamptal). 1993 ist einer der qualitativ größten Jahrgänge seit 1979, vielleicht sogar seit 1947, und zwar in allen Kategorien (trockene Weißweine, Rotweine, Prädikatsweine), was äußerst selten vorkommt. *1994* erbrachte einige hochreife, frühfertige Weine mit Opulenz und passender Säure; es war eher ein Riesling-Jahr als eines für Grünen Veltliner. Ein erfreulicher Jahrgang mit vielen Kabinettweinen und einigen Spätlesen, die ziemlich früh trinkbar sind, mit ganz unterschiedlicher Güte je nach der Handschrift des jeweiligen Winzers. Die Rotweine werden vermutlich an 1993 in den Qualitäten nicht anschließen können, wenn überhaupt, dann in den Cuvées. *1995* waren die Qualitäten sehr unterschiedlich, je nach Standort. Der Jahrgang brachte sehr gute Säurewerte, auch im hohen Alkoholbereich. Der *1996er* ist in der Regel ein sehr fruchtiger, früh zu trinkender Wein. Die Säure fiel allgemein höher aus als in den vergangenen Jahren. Aber hier muß zwischen den einzelnen Anbaugebieten differenziert werden. Aus der Steiermark kommen gebietstypische Weine. Im Burgenland sind fruchtige, frische Rotweine *(Zweigelt, Blaufränkisch)* vielversprechend, ebenso gehaltvolle weiße Burgundersorten und einige hohe Prädikatsweine. In der Wachau und den angrenzenden Weinbaugebieten Krems- und Kamptal wartete man teils bis Anfang November mit der Lese und konnte einiges Interessante keltern. Vor allem die Säure fiel dadurch niedriger aus als üblich. Wien und die Thermenregion sind nicht einheitlich einzuschätzen und reihen sich wohl im österreichischen Mittel ein.

Klassische **Rebsorten**

Blauburgunder (Pinot noir)
wird in Österreich besonders in Niederösterreich und im Burgenland ausgebaut. Im Gegensatz zum Pinot aus Burgund ist der österreichische durch seinen geringeren Gerbstoffanteil milder im Geschmack, weich und fruchtig.

Blaufränkisch
Diese in Deutschland *Lemberger* genannte Sorte ist vor allem in Österreich beheimatet. Sie wird überwiegend im Burgenland angepflanzt; das Mittelburgenland nennt sich auch „Blaufränkischland".

Blauer Zweigelt (Rotburger)
Diese Kreuzung von *St. Laurent* und *Blaufränkisch* ist die meistausgepflanzte Rotweinsorte in Österreich. Die Qualitäten sind sehr unterschiedlich.

Cabernet Sauvignon
ist erst seit 1986 in Österreich offiziell zugelassen (mit Ausnahmen).

Chardonnay
wurde in Österreich lange Zeit - gesetzlich auch bis 1993 - mit dem

Weißburgunder gleichgesetzt, nur etwa 1 Prozent der Rebfläche Österreichs ist damit bepflanzt. Neuerdings wird er auch als *Feinburgunder* (Wachau) bezeichnet, in der Steiermark wird eine Spielart *Morillon* genannt.

Gelber Muskateller,

Heute ist das wichtigste Anbaugebiet die Südsteiermark, woher sehr fruchtige Weine mit einer deutlich traubigen Note kommen, die manchmal über ein erstaunliches Lagerungspotential verfügen. Aber auch in der Südoststeiermark und in der Wachau findet man ihn sowie im Burgenland, besonders in Rust.

Neuburger

Er ist eine österreichische Rebe und fällt durch eine angenehme Säure auf, hat einen nußartigen Geschmack und ist ein ebenso hervorragender wie unterschätzter Essensbegleiter.

Weißer Riesling - Rheinriesling

Die Bezeichnung *Rheinriesling* ist jüngeren Datums und wird zur Unterscheidung von *Welschriesling* verwendet, der aber nicht zur Familie der Rieslinge gehört. Der Rheinriesling zählt zu den edelsten Sorten in Österreich.

Rotgipfler

Eine Sorte aus der Thermenregion (Gumpoldskirchen, Traiskirchen), die dort oft mit dem *Zierfandler* verschnitten *(Spätrot-Rotgipfler)* wird. Im Herbst verfärben sich die Triebspitzen rötlich-bronzefarben, daher der Name.

Ruländer (Grauburgunder, Pinot gris)

Der Ruländer kann besonders in der Steiermark, im Kamptal und im Burgenland sehr gute Qualitäten erbringen. Charakteristisch sind sein hoher Extraktgehalt mit meist geringer Säure und eine ausgeprägte Geschmacks-Nuance von Schokolade bei ausreichender physiologischer Reife der Trauben.

St. Laurent

Die Rotweintraube, vermutlich aus der Burgunderfamilie, zeichnet sich durch ein feinfruchtiges Bukett aus, das an Sauerkirschen (Weichseln) erinnert und im Alter mitunter an reife Burgunder.

Sauvignon blanc

Am weitesten verbreitet ist er in der Südsteiermark, außerdem im nördlichen Burgenland und vereinzelt im Kamptal und in Wien.

Traminer, Gewürztraminer, Roter Traminer

Die verschiedenen Traminer-Spielarten stehen oft gemischt in einem Weingarten (vor allem bei älteren Anlagen) und lassen sich im Herbst durch unterschiedliche Färbung der Beerenschale erkennen. Am weitesten in der Südoststeiermark verbreitet.

Grüner Veltliner

Die österreichische Nationalsorte schlechthin. Botanisch gesehen hat er mit anderen Veltlinerarten, wie Frühroten *(Malvasier)* oder Rotem nichts gemeinsam. Ihre besten Voraussetzungen findet die Sorte in Niederösterreich (Wachau, Krems, Kamptal, teilweise am Wagram und im Weinviertel); typisch ist die pfeffrige Note. Das Klonenmaterial ist allerdings in der Qualität sehr unterschiedlich.

Weißburgunder (Pinot blanc)

In der Steiermark wird er auch *Klevner* genannt. Im Burgenland und im Kamptal (Langenlois, Straß), weniger jedoch im übrigen Niederösterreich, mitunter auch in der Steiermark, werden ausgezeichnete Weine aus dieser Sorte gekeltert, überwiegend trocken, gelegentlich als Cuvée mit anderen Vertretern aus der Burgunderfamilie.

Welschriesling

Im Burgenland werden die besten Qualitäten erzielt, im trockenen sowie wegen seiner rassigen Säure besonders im hohen Prädikatsbereich. Angenehm frische, unkomplizierte, jung zu trinkende Welschrieslinge werden in der Steiermark vinifiziert.

Zierfandler / Spätrot

Qualitätsmäßig ist der Zierfandler *(Spätrot)* neben dem *Neuburger* die beste Sorte der Thermenregion. Eine Klasse für sich sind die Weine ab der Kategorie Spätlese bis zum hohen Prädikatsbereich, manchmal schon im oberen Kabinettbereich - in diesem Fall trocken oder mit einer geringen Restsüße ausgebaut.

Wasser, Kracherl & Co

Außer Wein gibt es beim Heurigen Wasser zu trinken, und zwar Mineral- oder Sodawasser; letzteres wird ebenfalls im Viertel, in der Karaffe oder, das allerdings nur mehr selten, in den sogenannten Siphonflaschen serviert. Zusätzlich darf noch ein kohlensäurehaltiges Getränk angeboten werden - üblicherweise ist das Almdudler, eine Kräuterlimonade, die von manchen ebenfalls mit Wein gemixt wird, oder das Kracherl, das früher in Flaschen mit Porzellanverschlüssen abgefüllt wurde (die beim Öffnen „plopp" machten, daher der Name). Die steirischen Buschenschenken führen keine Limonaden, dafür - meist auch selbstgepreßten - Trauben- oder Apfelsaft. Diese Beschränkung der kohlensäurehaltigen Getränke wird derzeit zumindest in Wien heftig diskutiert - vielleicht wird es bald Cola beim Heurigen geben. Nach wie vor nicht erlaubt ist der Ausschank von Glühwein, Branntwein, Kaffee und Bier. Bei einigen Heurigen, die zwar ausschließlich Eigenbauwein anbieten und in diesem Sinne Buschenschenken sind, aber dennoch über eine Gastronomiekonzession verfügen, sind jedoch auch diese Getränke erhältlich.

Manchmal ist es eine schwere Last, die dürstenden Kehlen zufriedenzustellen - aber wenn man's gewohnt ist, macht man's mit Schwung...

Essen

Das Essen zum Wein erlangte im Lauf der Zeit immer größere Bedeutung. Ursprünglich durften von den Buschenschenken nur Erzeugnisse der eigenen Landwirtschaft - das waren im wesentlichen Obst und Nüsse - angeboten werden. Erst im Jahr 1939 wurde vom deutschen Gauleiter Bürckel - übrigens ein Bierliebhaber - das Buschenschankprivileg erweitert: nun wurde es *„zulässig, folgende kalte Fleischwaren: Selchfleisch, Hartwurst, Weichwurst zu verabreichen, jedoch gleichzeitig höchstens drei Sorten und weiters heimischen Käse und eingelegte Gurken“*. Bis dahin waren in Wien Salamutschimänner und Brezenbuben mit Bauchläden von Lokal zu Lokal gezogen, um Salami, Käse und Bretzeln anzubieten - sie verschwanden nun nach und nach. Aber die neue Verordnung traf ebenso die Trafikanten, die am Wochenende offengehalten hatten, um den Heurigenbesuchern Eßwaren zu verkaufen. Viele Gäste brachten sich damals auch ihre Jause von Zuhause mit, was jetzt nicht mehr gerne gesehen wird. Das Speisenangebot eines echten Buschenschanks jedoch ist nach wie vor kalt und darf heutzutage folgendes umfassen: *„heimische Wurst- und Käsesorten, Schinken und geräuchertes Fleisch, Speck, kaltes Fleisch und kaltes Geflügel, Sardinen, Sardellenringe und Rollmöpse, Salate, Essiggemüse, hartgekochte Eier, Brotaufstriche aller Art, Butter und Schmalz, Grammeln, Salzmandeln und Erdnüsse, Weingebäck wie Weinbeißer, Kartoffelrohscheiben und Salzgebäck, Brot und Gebäck sowie heimisches Obst und Gemüse unter Ausschluß aller warmen Speisen.“* Allerdings gibt es in Wien eine eigene Konzession für ein sogenanntes „erweitertes Heurigenbuffet“, nach der bestimmte warme Speisen angeboten werden dürfen - jedoch keine warmen Beilagen, und das Essen darf auch nicht serviert werden. Zum erweiterten Buffet gehören Kümmelbraten (gebratener Schweinebauch, mit Kümmel gewürzt), Schopfbraten, Geselchtes, Bratwürstel, Blutwurst, Schinken- oder Krautfleckerl, Backhuhn, Grillhuhn, Stelzen - gesurt und gekocht oder gegrillt -, gekochte geselchte Zunge und Fleischlaberl (Buletten). Dazu ißt man verschie-

dene Salate: Erdäpfel(Kartoffel)-, Gurken-, Paradeiser(Tomaten)-, Kraut-, Sellerie-, Fisolen(Grüne Bohnen)-, Linsen-, Bohnensalat oder rohes Gemüse (Paradeiser, Radieschen, Jungzwiebeln, Paprika) und eingelegtes Gemüse: Essig- und Senfgurken, Paprika, Pfefferoni, Perlzwiebeln, Champignons, kleine Maiskolben. Weiterhin offeriert werden Preßkopf in Essig und Öl mit Zwiebeln, Salami und andere Würste, Roastbeef, Schinken, hartgekochte Eier, Käse und Aufstriche: Liptauer - ursprünglich aus Brimsen, einem Schafkäse, heute meist aus Topfen (Quark) mit Butter abgerührt, gewürzt mit feinstgehackter Zwiebel, Gurkerl, Kapern, Paprika, Senf, Sardellenpaste; Kümmel -, Bratenfett - das Fett, das beim Braten von Schweinefleisch austritt und beim Kaltwerden stockt, mit etwas geliertem Bratensaft -, Schmalz und Grammelschmalz (Griebenschmalz), Quargelbutter, Gorgonzolaaufstrich, Frühlingskäse (Gervais mit Knoblauch und Kräutern). Brot und verschiedene Gebäcksorten - Semmeln, Salzstangerl, Wachauer, Kornspitz - sind Bei- oder Unterlage. Für Naschkatzen gibt es Strudel und verschiedene Waffeln, zum Beispiel Pischinger-Ecken. All das wird in Vitrinen appetitanregend ausgestellt. (Leider werden Speisen immer öfter in der Mikrowelle aufgewärmt und nicht mehr in Warmhaltevitrinen offeriert; ohne sentimental zu sein - aber ein fertiges, kaltes Bratwürstel ist ein zutiefst trauriger Anblick.) Es gibt auch etliche Heurige (vor allem in Niederösterreich), die zwar ausschließlich Eigenbauwein ausschenken - und in diesem Sinne Buschenschenken sind -, aber dennoch über eine Gastgewerbekonzession verfügen, um beim Essen den Wünschen der anspruchsvoller werdenden Gäste besser entsprechen zu können (und seien es nur Sauerkraut oder Erdäpfelschmarrn zum Geselchten oder zur Blutwurst). Am Buffet werden die gewählten Waren nach Gewicht bzw. nach Stück berechnet - jeder kann sich also seine Portionsgröße ganz individuell aussuchen. Maßeinheit für das Gewicht sind Deka - eigentlich Dekagramm: 1 Deka entspricht 10 Gramm. Auch Salatteller kann man sich ganz nach den eigenen Vorlieben zusammenstellen lassen. Das Essen bezahlt man gleich und trägt es auf einem Tablett mit Tellern,

Servietten und Besteck sowie Salz und Pfeffer - all das ist in unmittelbarer Nähe des Buffets vorbereitet - zum Tisch. Diese Heurigenbuffets sind typisch für Wien und Umgebung; in den anderen Weinbauregionen sind die Speisen meist auf einer kleinen Karte aufgelistet und werden serviert. Bei den kalten Speisen dominieren die Brettl-, Hauer- oder Winzerjausen bzw. -platten, die aus verschiedenem gebratenem oder geselchtem Fleisch und Würsten sowie etwas Käse und Aufstrich, garniert mit Gurkerln, Pfefferoni und Gemüse bestehen. Die einzelnen Fleisch- und Wurstsorten sowie Käse und Aufstriche gibt es auch portionsweise bzw. auf Brot. Besonders in der Steiermark, im Südburgenland und in der Wachau findet man die echten Buschenschenken mit Lebensmitteln aus eigener Produktion (manches, z. B. Mehlspeisen, nicht immer) - Hausgeselchtes, selbstgemachte Würste, teils sogar von selbstgezogenen Schweinen - ganz im Sinne der Verordnung Kaiser Josephs II. Und wenn wir schon in die Geschichte zurückgehen: Gallienus, der römische General, konnte, als er noch im Sold stand, seine untergebenen Soldaten nicht vom Trinken abhalten. Um zumindest die Folgen nicht zu schlimm werden zu lassen, entsann er sich eines Hausmittels, nämlich Nüsse zum Wein zu essen, und erwirkte von Kaiser Probus die Erlaubnis, in Wien zahlreiche Nußbäume pflanzen zu lassen - darauf sollen sich die Namen Nußdorf (im 19. Bezirk) und Nußberg (eine Weinlage) beziehen. Wie auch immer, bis heute sind in allen österreichischen Weinbauregionen Walnußbäume heimisch. Auch das Würzen fetter Speisen mit viel Kümmel hat seinen Sinn: Kümmel hilft, das Fett besser zu verdauen. Und Schnittlauch, der aufs Butterbrot sowie auf Aufstriche gestreut wird, hat einen sehr hohen Vitamin C-Gehalt; früher spielten Heurigenmusiker mitunter den Schnittlauch-Tanz.

MIKADO

Heurigen**musik** und -lieder

Die Musik beim Heurigen ist untrennbar mit dem Namen der Brüder Schrammel verbunden. Josef (Pepi) und Johann (Hanns) Schrammel spielten mit ihren Geigen bei verschiedenen Heurigen auf, unterstützt von Anton (Toni) Strohmayer auf der Gitarre und Georg Dänzer auf der Pikkoloklarinette (in G gestimmt), dem wegen seiner einschmeichelnden Töne sogenannten „picksüßen Hölzl". Der begleitende Gesang ergab sich oft aus dem Stegreif, und wurde sehr oft von Fiakern (Pferdekutschern) vorgetragen, die sich auf diese Weise etwas dazu verdienten. Von diesem Schrammel-Quartett - das seinerzeit häufig imitiert wurde - ist heute bestenfalls ein Duo übriggeblieben - und zwar mit einfacher Gitarre (nicht mehr der ursprünglichen Doppelsteg- oder Kontragitarre) und Akkordeon (das erst die Klarinette ersetzte und später die Stimmen der Geigen quasi mitübernahm); sehr selten sind Zitherspieler zu hören. In der Steiermark kann man mit etwas Glück auf Musiker (nicht selten die Buschenschenker selbst) mit der „Knopferlharmonika" (Zieharmonika nur mit Knöpfen, keine Tasten) treffen, die spontan Stücke aus ihrem Repertoire zum besten geben. „Original"-Schrammelmusik wird - wie auch das Heurigen-Adagio aus dem Streichquartett (Opus 51) von Johannes Brahms - fast nur mehr bei gesellschaftlichen Anlässen „konzertant" aufgeführt: mit Mikrophonen, Notenpulten und Musikern im Frack. In den Lokalen, die quasi Restaurantbetriebe sind und hauptsächlich dem Amusement von in Gruppen einströmenden Pauschaltouristen dienen, ist auch die ohnehin rar gewordene „lebende Musik", die die alten, oft ironisch-traurigen - in fast allen Texten kommt der Tod vor - Heurigenlieder spielt, längst der elektronischen Konserve gewichen oder durch Musiker, die mit Verstärkung das Gröhlen von dem „Tag, so wunderschön wie heute" untermalen, verdrängt worden. Diese Art von Belustigung ist dem wahren Heurigengeher oder Buschenschankgast fremd - der läßt bei einem, zwei oder mehr Vierteln in aller Ruhe die Seele baumeln.

Auch wenn es heute nicht mehr die „Schrammeln" sind, a Gaudi muß sein!

Aus dem Film „Sieben Jahre Pech“ mit Hans Moser.

Text: Ernst Marischka, Musik: Karl Föderl
Marischka und Föderl haben dieses Lied Hans Moser gewidmet.

Ich weiß nicht was das ist,
ich trink so gern ein Glaserl[1] Wein,
es muß gar kein besond’rer Anlaß
und kein Sonntag sein,
ich sitz’ oft stundenlang allein auf
einem Fleckerl,
in einem Weinlokal, in einem stillen Eckerl.
An[2] andern Menschen wäre das vielleicht
zu dumm,
doch ich bin selig dort und
weiß genau warum:

Ich muß im früh’ren Leben
a Reblaus g’wesen sein,
sonst wär die Sehnsucht nicht so groß
nach einem Wein;
drum tu’ den Wein ich auch nicht trinken,
sondern beißen,
und hab’ den roten grad so gern,
als wie den weißen.
Und schwören könnt ich,
daß ich eine Reblaus g’wesen bin,
ich weiß bestimmt,
ich hab’ gehaust in einem Weingarten bei Wien,
drum hab’ den Gumpoldskirchner ich so von Herzen gern,
und wenn ich stirb, möcht ich a Reblaus wieder werd’n.

1) andere Version: Flascherl

2) an: einem

3) Milli: Milch

Ich hab' mir schon als Kind gedacht,
was kann denn das nur sein,
wenn d' Mutter mir a Milch hat geb'n,
da wollt ich schon an Wein,
ich konnte damals schon die Milli[3)]
nicht vertragen,
mir hab'n sich d' Haar aufg'stellt
und umdreht war mein Magen.
Nach langem Hin- und Herstudieren
kam ich d'rauf,
warum an Wein ich lieber wie a Milli sauf:

Ich muß im früh'ren Leben
a Reblaus g'wesen sein, ...

Immer,
wenn ich traurig bin,
möcht ich singen...
Ödön von Horváth: Geschichten aus dem Wiener Wald

Der Wiener Heurige

Wien hat als Stadt des Weinbaus eine jahrhundertelange Tradition. Der überwiegende Teil der Rebgärten liegt auf der rechten Seite der Donau an den Hängen des Leopolds-, des Kahlen- und des Nußbergs, wo sich die traditionellen Weinbau- und Heurigenorte Nußdorf, Kahlenbergerdorf, Grinzing, Sievering und Neustift befinden. Geringere Bedeutung haben die wenigen noch verbliebenen Weingärten im Westen - mit Ausnahme der Ried „Alsegger" in Dornbach (die von dort stammenden Weine werden im Heurigen des Stifts St. Peter ausgeschenkt) - und im Süden Wiens, der zunehmend verbaut wird. Auf der anderen Donauseite werden die Weingärten am Bisamberg von Winzern aus Stammersdorf, Jedlersdorf und Strebersdorf bewirtschaftet. Etwa 380 Weinbaubetriebe gibt es in Wien; für viele von ihnen ist der Heurige eine wichtigere Absatzschiene als die Vermarktung von Bouteillenweinen. (Von den flaschenabfüllenden Winzern haben sich 19 im Verband „Vienna Classic" zusammengeschlossen; sie wollen - unter Einhaltung strenger Auswahlkriterien - dem Wiener Wein in Bouteillen zu mehr Geltung verhelfen.) Der typische Wiener Heurigenwein ist ein weißer, offen ausgeschenkter „Gemischter Satz", der von einigen Winzern noch traditionsbewußt für ihren Schankwein kultiviert wird (und keine heimliche Cuvée ist).

Allerdings ändert sich der Sortenspiegel zunehmend hin zu den Edelsorten wie Riesling; zu Spitzenqualitäten können auch Weißburgunder und Traminer, Neuburger und vereinzelt die Modesorte Chardonnay reifen. An blauen Sorten sind - vor allem um den Bisamberg - Blauburgunder, Cabernet Sauvignon und Zweigelt bemerkenswert, wobei der Rotwein beim Heurigen von untergeordneter Bedeutung ist. Das Spektrum der Wiener Buschenschenken und Heurigen ist groß, und jeder Besucher schwört auf sein Lieblingslokal (es können auch drei oder vier sein, weil ja nicht immer ausg'-steckt ist): mit dem besten Wein, dem grünsten Garten mit den buntesten Blumen und den schattigsten Bäumen, dem köstlichsten Buffet, den hübschesten Kellnerinnen - wobei all diese Kriterien persönliche Geschmackssache sind. Manch einer hat auch seinen Stammplatz, wo er immer sitzt, und weiß genau, wann er wo jemanden anderen trifft - oder demjenigen aus dem Weg gehen kann. Eine besondere Spielart ist, was in Wien „Nobelheuriger" genannt wird. „Nobel" bezieht sich auf die gehobene Ausstattung (keine Klapptische) und eine große Auswahl an Speisen (das Buffet wird meist mit Gastgewerbekonzession geführt, der Wein ist allerdings Eigenbau!), und der so bezeichnete Heurige ist deshalb auch „wert", nicht nur von einfachen Leuten, sondern auch von Prominenz aus Kunst, Wirtschaft und Politik besucht zu werden, die hier gerne informelle Anlässe feiert. Die Preise sind allerdings auch „nobel" - und denen von Mittelklasserestaurants mitunter ebenbürtig. Die meisten dieser Nobelheurigen finden sich in der Nähe der „besseren" Wohngegenden im 19. Bezirk. Auf der anderen Seite der Donau, nur einige hundert Meter Luftlinie entfernt, in Stammersdorf, Strebersdorf und Jedlersdorf, spöttisch auch „Transdanubien" genannt, ist noch mehr vom Ursprung bewahrt, ohne daß man schlechte Qualität der Weine beklagen müßte - ganz im Gegenteil: einige der hier ansässigen Winzer, die Heurige betreiben, haben mit ihren Weinen schon beachtliche Erfolge erzielt. Wie sich allerdings die Novellierung des Wiener Buschenschankgesetzes, für die einige entscheidende Lockerungen der derzeit geltenden Bestimmungen geplant sind, auswirken wird, wird sich erst erweisen. Die Annäherung an Gastgewerbebetriebe scheint jedoch vorprogrammiert - aber noch protestieren die Wirte gegen die neuen Verordnungen! Daß Tradition nicht verlorengehen muß, auch wenn sie schon mehrere hundert Jahre alt ist, zeigt der

alljährliche Kirtag in Neustift am Walde, der auf die Regierungszeit von Kaiserin Maria Theresia zurückgeht. Das Jahr 1752 brachte eine sehr schlechte Ernte, weshalb die Regentin den Winzern die Steuern erließ. Als Dank dafür schenkten die Neustifter Weinhauer Maria Theresia eine Krone, die mit silbernen und goldenen Nüssen, Blumen, Bändern und kleinen Porzellanfiguren geschmückt ist. Sie erhielten diese ein Jahr später zurück, mit der Anweisung, jedes Jahr zum Fest des Kirchenpatrons einen Kirtag (Kirchweihfest) zu veranstalten - jeweils von Freitag bis Montag am Wochenende nach dem 15. August. Dieser Brauch hat sich über mittlerweile fast 250 Jahre erhalten und noch heute wird die Krone von den Neustifter Winzersöhnen bei Umzügen von Haus zu Haus getragen. Tradition haben auch die sonntägliche Feldmesse und das anschließende Aufstellen des „Hiatabams", der potentiellen Traubendieben anzeigt, daß das „Weingebirg" ab nun bewacht wird.

Früh übt sich, wer im späteren Leben einmal eine Reblaus werden will, auch wenn es vorerst zum Einschlafen ist.

Die Frau Was ist aus unserer fröhlichen Runde geworden?

Der Mann Niemand darf mehr was trinken. Und der Rest? Tot...

Die Frau Aber sie hausen in den Friedhöfen mit der schönsten Lage. Neustift. Sievering. Grinzing. - Dort möcht' ich auch einmal begraben sein.

Der Mann Und was machst, wenn's regnet oder net ausg'steckt is'...

Liptauer

250 g Brimsen
(Schafstopfen, im Sommer in Bioläden oder bei Biobauern erhältlich; ersatzweise Magertopfen / *-quark*)
150 g Butter
1 - 2 EL Sauerrahm
1 kleine Zwiebel, sehr fein gehackt
1 - 2 Essiggurkerl, sehr fein gehackt
einige Kapern, sehr fein gehackt
1 TL Estragonsenf
Sardellenpaste
edelsüßes und / oder scharfes Paprikapulver
Salz, Pfeffer, gemahlen, ganzer Kümmel,
eventuell frischgepreßter Knoblauch
Schnittlauch zum Bestreuen

Butter schaumig rühren, Brimsen bzw. Topfen und Sauerrahm dazugeben und die übrigen Zutaten untermischen. Jeder Koch bzw. jede Köchin hat eine eigene Vorstellung vom „idealen" Liptauer:
mehr Butter macht ihn - vor allem bei Verwendung von Brimsen - milder; die Schärfe hängt auch von der Art des Paprikapulvers ab. Vorsicht mit Salz und Sardellenpaste! Feingeschnittener Schnittlauch kann untergerührt werden, Kümmel und Knoblauch sind nicht zwingend vorgeschrieben.

Backhuhn

1 frisches Freiland-Huhn (keinesfalls tiefgefroren oder mit Tiermehl gefüttert) **mit Leber**
etwas Mehl
1 Ei
Semmelbrösel *(Paniermehl)*
Salz
1 Bund Petersilie

Die Petersilie im Ganzen waschen und sehr gut trocknen (am einfachsten in einer Salatschleuder).
Das Huhn je nach Größe in sechs bis acht Teile zerlegen; „klassisch“ werden weder die Haut abgezogen noch die Knochen ausgelöst, weil so das Fleisch beim Backen saftiger bleibt - letztlich ist das aber Geschmackssache. Die Hühnerstücke und die Leber salzen, in Mehl wenden, durch das verschlagene Ei ziehen und in den Bröseln wälzen.
In einer tiefen Pfanne am besten in Butterschmalz ausbacken (nicht in einer Friteuse!).
Die Petersilie im Backfett fritieren (sie muß absolut trocken sein, sonst spritzt das Fett höllisch).
Alles zusammen auf einer Platte anrichten.

Heurige und Buschenschenken in der Wachau und Umgebung

Fährt man von Wien die Donau stromaufwärts, erreicht man nach etwa 80 Kilometern die mehr als tausendjährige Stadt Krems. Von hier erstreckt sich entlang der Donau nach Westen die Wachau mit ihren berühmten Orten Dürnstein, Weißenkirchen und Spitz. Richtung Norden gelangt man über Langenlois ins malerische Tal des Kamp. Gegenüber von Krems, am anderen Ufer des Flusses, erhebt sich das mächtige Benediktinerstift Göttweig. Das gesamte Gebiet gehört zu den schönsten Landschaften Österreichs, sowohl die Natur als auch die Kultur betreffend. Die Häuser stammen zum Teil aus der Zeit der Renaissance, manche (in Langenlois und weiter nördlich Richtung Waldviertel) haben kunstvolle Sgraffito-Fassaden. Mautern, unterhalb des Göttweiger Berges an der Donau gelegen, ist eine alte Römersiedlung, damals Favianis genannt, von der noch einige Reste erhalten sind. Daß bereits die Römer Weinbau betrieben, ist anzunehmen. Im Mittelalter waren es vor allem die Mönche und Nonnen verschiedener Stifte und Klöster, die Weingärten anlegten und pflegten. Seit dieser Zeit wurden Grundstücke mit Namen bezeichnet und diese in Urkunden, zum Beispiel anläßlich einer Schenkung, festgehalten. Es ist Tradition, Weine nicht nur reinsortig, sondern auch nach Lagen (Rieden) getrennt zu vinifizieren. Die Wachauer Winzer haben als erste in Österreich die Bedeutung des Gebietsschutzes erkannt und 1983 den Verband „Vinea Wachau nobilis districtus" gegründet (und die eigenen Kategorien Steinfeder, Federspiel, Smaragd definiert). Die Mitglieder dürfen ausnahmslos nur Wein aus der Wachau vermarkten. In den angrenzenden Weinbaugebieten Kremstal und Kamptal sind die „Traditionsweingüter" um Qualität bemüht. Wichtigste Sorte in der Wachau und ihrer Umgebung ist die „Nationalsorte" der Österreicher, der Grüne Veltliner; Weltruf haben die - raren - Rieslinge erlangt. Neben diesen beiden Hauptsorten stehen Neuburger, Weißburgunder, Grauburgunder und Chardonnay (in der Wachau Feinburgunder) sowie Riesling-Sylvaner, und als Raritäten Gelber Muskateller und Sauvignon blanc in den Weingärten. Um Langenlois werden auch beachtenswerte Rotweine gekeltert. Bei den Heurigen und Buschenschenken der Region wird überwiegend Weißwein getrunken - meist reinsortig. Apropos Buschenschenken: in der Wachau und ihrem Umkreis findet sich eine ganze Reihe traditioneller Betriebe, die neben den obligatorischen Eigenbauweinen ausschließlich kalte Speisen anbieten, die der Gast aus einer Karte auswählt. Spezialitäten sind rohes Hausgeselchtes und Saumeisen (oder Saumaisen) - faschiertes, gewürztes Schweinefleisch, das zu portionsgroßen Kugeln geformt und in Schweinsnetz eingewickelt wird, mit Spagat (Schnur) kreuzweise umbunden, um für das folgende Räuchern aufgehängt werden zu können; sie werden aufgeschnitten mit Kren (Meerrettich) serviert (Saumeisen können aber auch gekocht oder gebraten werden). Manchmal werden zarte geräucherte Forellenfilets (die aus den kühlen Waldviertler Bächen und Teichen kommen) offeriert. Typischer Brotaufstrich ist - neben Liptauer, Leberaufstrich und Schmalz - der Erdäpfelkas aus gekochten, passierten Kartoffeln und Topfen (Quark). In den letzten Jahren intensiviert hat sich im Waldviertel die Produktion von köstlichem Käse, meist aus Schaf- oder Ziegenmilch, und häufig von kleinen Erzeugern, die nur bestimmte Abnehmer beliefern. Als Gebäck werden dazu Wachauer Laberl gereicht. Bei Kellergassenfesten, hauptsächlich in und um Langenlois, werden manchmal Feuerflecken zubereitet: Brotteig (ursprünglich nur die Reste davon) wird zu Fladen ausgerollt und direkt auf der Herdplatte (früher im noch warmen Brotofen) gebacken, dann aufgerollt und mit einer Sauce aus Sauerrahm mit Schnittlauch und Knoblauch gegessen. Eine besondere Spezialität der Wachau sind Marillen (Aprikosen), die sogar von der EU unter ihrer Herkunftsbezeichnung geschützt wurden. Ernte ist im Juli (dann werden die Früchte auch am Straßenrand zum Verkauf angeboten); zu dieser Zeit gibt es überall Marillenkuchen, Marillenstrudel, Marillenknödel, und es wird Marillenmarmelade eingekocht und Marillenschnaps gebrannt.

AHRENBERGER KELLERGASSE
1000
Jahre Wein
In der bekannten Weingasse
im Herzen Niederösterreichs,
inmitten der Weinrieden auf den
Lößhängen von Sitzenberg-Reidling
und Traismauer, dessen köstliche Sorten
in den Kellern am Eichberg
gekeltert werden.
200 Jahre Buschenschank
kaiserliches Edikt durch Josef II.
am 17. August 1784
das jeden Weinbauern ermächtigt,
seine Produkte wann und zu welchem
Preis er will zu verkaufen.

Erdäpfelkas

3 - 4 mehlige Erdäpfel *(Kartoffeln)*
200 g Topfen *(Quark)*
etwas Butter
etwas Sauerrahm
Salz, Pfeffer
nach Geschmack feingehackte
Zwiebel, Knoblauch,
Kümmel oder Schnittlauch

Erdäpfel in der Schale dämpfen, abkühlen lassen, schälen und reiben; mit Topfen, Butter und Sauerrahm verrühren. Nach Geschmack würzen.

Krautfleckerl *nach Monika Schmelz, Joching*

Fleckerl
500 g griffiges *(grobgemahlenes)* **Mehl**
1/2 TL Salz
2 1/2 EL Öl
5 Eier
Salz und etwas Öl zum Kochen

Kraut
circa 1 kg Weißkraut
1 kleine Zwiebel
1/2 EL Zucker
etwas Öl
1/4 l trockener Weißwein
Salz, Pfeffer, Paprikapulver
1/4 l Sauerrahm

Für die Fleckerl aus allen Zutaten einen mittelfesten Nudelteig kneten und etwa eine Stunde ruhen lassen.
Dann auf einem bemehlten Brett dünn ausrollen oder durch die Nudelmaschine (breite Nudeln oder Lasagne) geben und aus dem Teig Fleckerl von circa 1,5 x 1,5 cm schneiden.
Die Fleckerl in gesalzenem Wasser mit etwas Öl bißfest kochen und kalt abschrecken.
Das Weißkraut fein hobeln, die Zwiebel hacken.
In heißem Öl die Zwiebel mit dem Zucker karamelisieren lassen, das Kraut zugeben, mit Weißwein ablöschen, salzen, pfeffern und zugedeckt auf kleiner Flamme weichdünsten.
Das Kraut mit den Fleckerln vermischen, etwas Paprikapulver dazugeben, eventuell nachwürzen, und nach Belieben mit 1/4 l Sauerrahm vollenden.

Die herzhaften Gerichte
werden liebevoll und stilgerecht
präsentiert.

Es wird ein **Wein** sein,

Und wir werden nimmer sein.

Es wird schöne **Madeln** geben

Und wir werden nimmer **leben**.

Jetzt wirds einen Augenblick totenstill beim Heurigen - aber dann singt wieder alles mit verdreifachter Kraft.

Ödön von Horváth: Geschichten aus dem Wiener Wald

Heurige im **Weinviertel**

Das Weinviertel, ein Landesteil Niederösterreichs nordöstlich bzw. nordwestlich von Wien, ist das größte Weinbaugebiet Österreichs und umfaßt mit etwa 18 000 Hektar fast ein Drittel der gesamten Weinbaufläche des Landes. Der Grüne Veltliner ist die am häufigsten angepflanzte Rebsorte und auch als rescher „Brünnstraßler" bekannt geworden; dieser Name kommt von der im 18. Jahrhundert ausgebauten Straßenverbindung Wien - Brünn, die in etwa der jetzigen Bundesstraße 7 entspricht. Der Welschriesling ist die zweitwichtigste Sorte und erbringt frisch-fruchtige Weine. Auch viele Grundweine für die großen österreichischen Sekthäuser werden aus Welschriesling erzeugt, und zwar hauptsächlich rund um Poysdorf/Herrnbaumgarten. Das Weinviertel ist keine reiche Region, lange Zeit war es Grenzland (zur ehemaligen Tschechoslowakei) mit einem „Eisernen Vorhang", touristisch ist es wenig erschlossen.

Doch darin liegt der Reiz dieser vielfältigen, abseits der Durchzugsstraßen noch kaum entdeckten Region. Wer durch die hügelige Landschaft wandert, vorbei an gelb-wogenden Rapsfeldern, den Duft der Akazienblüten atmend, den führt der Weg unwillkürlich in eine der Kellergassen, wo die Weinkeller als Erdkeller mit kleinen Preßhäusern angelegt und tief in den Löß gegraben sind. Kaum sonst wo in Österreich findet man so schöne, teils gut erhaltene alte Kellergassen - „Dörfer ohne Rauchfänge" - wie im Weinviertel. Allerdings verlieren diese Kellergassen, von wenigen Ausnahmen abgesehen, zunehmend ihren Charakter als Wirtschaftsräume; mit der Stillegung von Weingartenflächen oder Aufgabe des Weinbaus werden sie nicht mehr benötigt und an Privatpersonen verpachtet oder verkauft. Sie werden zwar bei

Kellergassenfesten belebt, aber in der übrigen Zeit des Jahres gibt es mitunter keinen einzigen Winzer mehr, der aussteckt. Die dennoch zahlreichen Buschenschenken im Weinviertel sind oft einfach; zum Viertel Veltliner oder Welsch (=Welschriesling) ißt man belegte Brote, Aufstrichbrote oder eine gemischte Hauerjause mit kaltem Schweinsbraten, Speck, Blutwurst, Gurkerl... Einige Heurige bieten zu den Eigenbauweinen aber auch eine Auswahl von warmen Gerichten an.

Noch fast unentdeckt,
aber nichtsdestotrotz reizvoll:
das Weinviertel.

Brettljause

Auf einem runden Holzteller (= Brettl) werden verschiedene kalte Fleisch-, Speck- und Wurstsorten dünn aufgeschnitten angerichtet: Geselchtes, Kümmelbraten, Speck, Hauswürstel, Leberwurst, Blunz'n, ... ; dazu kommt etwas Schnittkäse, Liptauer, Grammelschmalz oder Verhackert (Steiermark). Das Ganze wird mit Scheiben von gekochten Eiern, Paprikaschoten, Gurkerln, Paradeiserachteln, Pfefferoni und frisch geriebenem Kren *(Meerrettich)* garniert.

I maan...

der Schilling hat scho
an Wert g'habt...
das muß ma ihm
lassen...
aber er war net zum
derwischen.
Man hat sich ja
bemüht, de ganzen
Bundeskanzler...
wia s' da warn...
der Seip... der Bur...
der Scho...
is ja wurscht...
aber bein Heirigen - da
hats Persönlichkeiten
geben!

Helmut Qualtinger: Der Herr Karl

Heurige südlich von Wien

Am südlichen Stadtrand von Wien beginnt das Weinbaugebiet Thermenregion. Der Name leitet sich ab von den Thermalquellen, die hier entlang einer Bruchlinie entspringen. Im Volksmund ist aber immer noch die Bezeichnung „Südbahn" geläufig, die mit dem Bau der Eisenbahn hier Mitte des 19. Jahrhunderts verbunden ist. Bei Pfaffstätten wurde 1841 der erste Eisenbahntunnel Österreichs fertiggestellt, angeblich auf Wunsch von Kaiser Ferdinand I. um seiner selbst willen. Wahrscheinlicher ist aber die Version, daß Baumeister Mathias Schönerer, dem an einer geraden Streckenführung gelegen war, den Aushub des Hügels „Katzbichl" nicht in den umliegenden Weingärten verteilen lassen wollte und deshalb den Tunnel errichten ließ. Die „Südbahn" zählt zu den wärmsten und schönsten Weinbaugebieten Österreichs und ein Vergleich mit Burgund oder Elsaß ist nicht abwegig. Etwa 3.000 Hektar Rebfläche, davon 1.000 Hektar mit blauen Sorten bepflanzt, werden bewirtschaftet und erstrecken sich vom Stadtrand Wiens entlang einer Hügelkette bis in die Ebene südlich von Baden. Die Traditionssorten Zierfandler (Spätrot) und Rotgipfler waren schon um die Mitte des 19. Jahrhunderts weithin berühmt (meistens als Verschnitt Spätrot-Rotgipfler) und wurden als „Gumpoldskirchner" auch exportiert. Neben diesen beiden Sorten können heute Neuburger und Weißburgunder, hin und wieder auch Riesling ansprechende bis ausgezeichnete Qualität erbringen, sowie die blauen Sorten Portugieser - für den auch das Synonym Vöslauer, nach dem Ort Bad Vöslau, verwendet wird -, Zweigelt, St. Laurent, Cabernet Sauvignon, Merlot und Pinot noir. Die Region hat eine lange Heurigentradition. Aus dem Jahre 1459 ist das erste verbriefte Buschenschankrecht Badens überliefert, und bis heute gibt es zahlreiche Heurigenlokale (wahrscheinlich nicht zuletzt wegen der guten „öffentlichen" Verbindung zu Wien mit der Südbahn und der Badner Bahn, einer straßenbahnartigen Lokalbahn). Sie bieten meist ein kaltes und warmes Buffet, ähnlich wie in Wien. Typisch in diesem Weinbaugebiet sind die alljährlichen Weinfeste und die Großheurigen, die fast den ganzen Sommer über abwechselnd in den einzelnen Orten stattfinden. Entlang einer Straße oder an einem zentralen Platz stecken die ansässigen Winzer aus, mitunter auch diejenigen, die sonst keinen Buschenschank betreiben. Essen - Grillhühner, Stelzen, Bratwürstel... gibt es an verschiedenen Ständen zu kaufen. Es spielen Trachtenkapellen und andere Musikgruppen, Winzerumzüge und Tombola gehören ebenfalls zum Volksfest-Programm. Pfaffstätten ist auf „den größten Heurigen Österreichs" (Mitte August) stolz, Tradition haben die beiden Weinfeste in Gumpoldskirchen (eines in der Neustiftgasse, Ende Juni / Anfang Juli, das andere in der Wiener Straße, Ende August / Anfang September), und vielleicht am gemütlichsten ist das Weinfest im Stadtpark von Traiskirchen (1. Julihälfte). Zahlreiche Gäste lockt auch die Eröffnung der herbstlichen Traubenkurwochen in Baden, Anfang September, an.

Alles dreht sich um den Wein,
sogar die Sonnenuhr...

Kümmelbraten, Brüstl und Bratlfett

circa 2 kg Schweinebauch bzw. Schweinsbrust
mit Schwarte und Knochen (im Ganzen)
circa 1/2 kg Schweinsknochen, gehackt
Salz, Kümmel, frischgepreßter Knoblauch

Die Knochen in eine Bratpfanne (Bräter) geben, mit Wasser bedecken und zum Kochen bringen. Das Fleisch mit der Schwarte nach unten einlegen und im Rohr circa 20 Minuten kochen lassen; dann das Fleisch herausnehmen, die Schwarte (aber nicht das Fleisch!) in Abständen von 1 cm mit einem scharfen Messer quer zur Faser einschneiden, salzen und mit Kümmel und Knoblauch nach Geschmack einreiben. Dann das Fleisch wieder auf die Knochen geben - mit der Schwarte nach oben - und im Rohr bei 200° - 220° C (je nach Dicke) in ungefähr 1 1/2 Stunden fertigbraten. Sobald das Wasser verdunstet ist, immer wieder mit dem ausgetretenen Eigenfett begießen - das macht die Schwarte knusprig. Wenn das Fleisch fertig ist, herausnehmen und etwas rasten lassen. Den Saft durch ein Sieb gießen, entfetten und eventuell mit etwas Mehl stauben. Der Kümmelbraten kann - entlang der Einschnitte in Scheiben geschnitten - warm mit Saft serviert werden, oder kalt, dann aber dünn aufgeschnitten, auf Brot („Brüstlbrot" in der Steiermark) oder als Teil der Brettljause mit etwas frisch geriebenem Kren (Meerrrettich). Der abgekühlte und gelierte Bratensaft mit dem ausgetretenen Schmalz ergibt das Bratlfett und wird als Brotaufstrich gegessen.

Ein fesches Madl,
ein gemütliches Platzerl
und einen Wein...
mehr braucht man nicht!

Heurige am Neusiedlersee

Das Burgenland ist das jüngste Bundesland und gehört erst seit 1921 zu Österreich; 1925 wurde Eisenstadt Landeshauptstadt. Landespatron ist der Hl. Martin mit seinem Namensfest am 11. November (dem Tag, an dem auch der Heurige erstmals ausgeschenkt werden darf). Keine Frage, daß „Martini“ im Burgenland besonders gefeiert wird und traditionell die üppigen Martinigansl-Essen stattfinden. Die Landschaft um den Neusiedlersee wird von Rebflächen, Wasser und Schilf geprägt. Der größte mitteleuropäische Steppensee ist 36 Kilometer lang, nur ein bis zwei Meter tief und von einem breiten Schilfgürtel umgeben; er beeinflußt das Wachstum der Weinreben sowohl durch seine Fähigkeit der Wärmespeicherung als auch durch seine hohe Wasserverdunstung, die entscheidend zur Entstehung der Edelfäulnis (Botrytis cinerea) beiträgt. Dieser Graupilz befällt bei feuchtwarmer Witterung die vollreifen Trauben und zerstört die Beerenschale, sodaß bei entsprechender Tageserwärmung und Sonnenbestrahlung Wasser aus den Beeren verdunstet und diese rosinenartig einschrumpfen; daraus werden dann die süßen Prädikatsweine wie Beerenauslese, Trockenbeerenauslese und - in Rust - Ausbruch erzeugt. Außerdem gibt es trockene Weiß- und Rotweine, die offen oder aus der Bouteille angeboten werden. Um den See bieten viele Heurige - manchmal „Schangl“ oder „Schenkhaus“ genannt - warme Speisen (Brat-, Blut- und Leberwurst, verschieden gefüllte Strudel) an, oft wie im nahen Ungarn mit Paprika oder Knoblauch abgeschmeckt. Aber auch ein Schmalzbrot wird gerne mit Paprikapulver bestreut, über warme Grammeln (Grieben) Knoblauch gepreßt, und weder Fleisch noch Würste der Brettljause entbehren einer kräftigen Würze. Leider nur selten steht Fisch aus dem See, zum Beispiel geräucherter Aal, auf der Karte. Zum Ziegenkäse - in den letzten Jahren vermehrt produziert -, der in verschiedenen Formen offeriert wird oder solo als Abschluß eines Heurigenbesuchs, sollte man sich ein Glas der süßen Weinspezialitäten nicht entgehen lassen.

Heurigenbesuche sollte man auch dazu nutzen, um die Vielfalt der Region zu entdecken.

Strudel

Die verschiedenen Strudel beim Heurigen - mit salzigen oder süßen Füllungen - werden meist aus „gezogenem Teig“ zubereitet.

250 g glattes *(feingemahlenes)* **Mehl**
1 - 2 EL Öl
Salz
etwas lauwarmes Wasser
geschmolzene Butter zum Bestreichen

Aus gesiebtem Mehl, Öl, einer Prise Salz und lauwarmem Wasser - die Menge hängt von der Luftfeuchtigkeit und damit der Feuchtigkeit des Mehls ab - einen glatten Teig kneten, der sich von den Händen lösen muß. Man formt ihn zu einer Kugel, bestreicht ihn mit Öl und läßt ihn etwa eine halbe Stunde zugedeckt rasten (am besten unter einer mit heißem Wasser ausgespülten, abgetrockneten, umgedrehten Schüssel). Dann wird er auf einem großen Tisch auf einer bemehlten Unterlage (Tuch) erst ausgerollt und dann „ausgezogen“, indem man mit den Handrücken (Ringe abnehmen, sonst entstehen Löcher!) unter den Teig greift und ihn nach außen vorsichtig dehnt - bis er so dünn ist, daß man eine Zeitung durch ihn hindurch lesen kann; die dicken Teigenden werden weggeschnitten. (In Österreich gibt es gute Fertigprodukte zu kaufen, wodurch man sich diese etwas mühselige Arbeit ersparen kann.) Das selbstgemachte oder fertige Strudelblatt wird mit flüssiger Butter bestrichen, dann wird auf etwa zwei Drittel die Fülle verteilt und der Strudel mit Hilfe des darunterliegenden Tuches aufgerollt, möglichst mit der Naht nach unten auf ein gefettetes Backblech gesetzt und je nach Fülle bei 180 °C bis 220 °C etwa 30 bis 45 Minuten gebacken.

Apfelfülle:

circa 1 1/2 kg säuerliche Äpfel

1 - 2 EL Semmelbrösel

etwas Butter

circa 100 g Kristallzucker (je nach Apfelsorte)

etwas Zimt

Rosinen, gehackte Nüsse

Staubzucker zum Bestreuen

Semmelbrösel in Butter leicht anrösten, abgekühlt auf dem Strudelteig verteilen. Die Äpfel schälen, entkernen und in dünne Scheiben schneiden, auf die Brösel geben und darüber Zucker, Zimt, Rosinen und Nüsse nach Geschmack verteilen.

Topfenfülle:

5 Eier

100 g Butter

100 g Staubzucker *(Puderzucker)*

1 Päckchen Vanillezucker

500 g Topfen *(Quark)*

200 g entrindetes Weißbrot, in etwas Milch eingeweicht

1/4 l Sauerrahm

Rosinen

Die Eier trennen, Eiklar zu festem Schnee schlagen. Die Butter schaumig rühren, nach und nach Zucker, Vanillezucker und Eidotter unterrühren. Topfen, gut ausgedrücktes Weißbrot und Sauerrahm untermengen. Fülle auf dem ausgezogenen Strudelteig verteilen, mit Rosinen bestreuen. Statt Rosinen kann auch Obst (Weichseln, Marillen = Aprikosen, frische Weintrauben, ...) verwendet werden - dann sollte man die Zuckermenge etwas erhöhen.

20

Buschenschenken im Südburgenland

Das Südburgenland, die „Weinidylle“, ist mit ungefähr 450 Hektar Rebfläche das kleinste Weinbaugebiet Österreichs und liegt etwa 150 Kilometer südlich von Wien an der ungarischen Grenze. Nur 15 - 20 Prozent der Weine werden in Bouteillen gefüllt. Eine besondere regionale Spezialität ist der Uhudler, ein gelblich-rosafarbiger Wein mit ausgeprägtem Walderdbeerduft und -geschmack. Er wird - meist als Verschnitt - aus Trauben sogenannter Direktträger gekeltert, aus den weißen Sorten Noah und Delaware sowie den blauen Isabella, Ripotella und Othello. In der zweiten Hälfte des 19. Jahrhunderts waren fast alle europäischen Weinbauregionen durch die Reblausplage nachhaltig geschädigt worden; Rebläuse nagen an den Wurzeln der Weinstöcke und bringen die Pflanzen durch ein giftiges Sekret zum Absterben. Überwunden wurde die Katastrophe schließlich dadurch, daß fortan europäische Edelreiser auf resistente amerikanische Unterlagsreben aufgepfropft wurden und werden. Die Weine der unveredelten Direktträger (Hybriden: Kreuzung von amerikanischen und europäischen Reben) hatten lange wegen höherer Anteile von Methylalkohol und eines mitunter auftretenden fuchsigen Geruchs keinen besonders guten Ruf, haben aber heute, nach ihrer Genehmigung im Weingesetz, einen gewissen Kultstatus und sind jedenfalls unbedenklich, typisch ist das Abfüllen in „Plutzer“, das sind bauchige Tongefäße. Kosten kann man den Uhudler am besten in Heiligenbrunn im denkmalgeschützten Kellerviertel mit strohgedeckten Preßhäusern (vor oder nach einem Besuch des Freilicht-Weinmuseums im Nachbarort Moschendorf.) Es gibt hier noch viele gemischte Landwirtschaften; Fleisch und Würste, Schmalz und Grammeln, die in den Buschenschenken angeboten werden, stammen von Schweinen aus eigener Zucht. Hervorragend zum Wein passen Grammelpogatscherl, ein Kleingebäck aus Germ(Hefe-)teig, das mit gehackten oder faschierten Grammeln zubereitet wird.

Grammeln und Grammelschmalz

nach Braunhilde Wachter, Deutsch-Schützen, und Maria Gross, Ratsch

Frischer, fetter Schweinespeck (Menge beliebig, es sollte aber nicht zu wenig sein); die Qualität des Specks ist entscheidend für das Ergebnis - die Schweine sollten mit Getreide gefüttert worden sein; ganz schlecht ist Futter aus Küchenabfällen mit Öl - dann wird das Schmalz nicht fest.

Den Speck in Würfel mit einer Kantenlänge von circa 2 cm schneiden. Dann in einem Topf, der unten schmaler sein sollte als oben, bei mäßiger Temperatur auslassen; wird das Fett zu heiß, verbrennen die Grammeln, und das Schmalz wird nicht schön weiß.

Vor allem zu Beginn immer wieder umrühren, damit nichts anbrennt. Die Grammeln sollen braun und knusprig werden - für 10 kg Speck dauert das etwa 2 Stunden. Man kann dann alles zusammen am besten in Steinguttöpfe umfüllen. - Grammelschmalz, das als Brotaufstrich gegessen wird, ganz nach Geschmack mit Salz, Pfeffer, Paprika, frischgehacktem Knoblauch bestreuen oder mit Zwiebelringen belegen.

Oder man schöpft die Grammeln ab, läßt sie gut abtropfen, und ißt sie noch warm oder kalt mit etwas Salz, eventuell Knoblauch und Brot, oder verarbeitet sie weiter, z. B. für Grammelknödel. Das Schmalz schmeckt als Brotaufstrich oder man verwendet es zum Kochen.

Grammelpogatscherl

200 g Grammeln
1/8 l lauwarme Milch
20 g Germ *(Hefe)*
300 g Mehl
1/16 l Sauerrahm
1/16 l trockener Weißwein
2 Eigelb
Salz, Pfeffer
Eidotter zum Bestreichen

Die Grammeln fein hacken (oder faschieren; man kann auch den frischen Speck faschieren, auslassen und dann für die Grammelpogatscherl weiterverwenden). Die Germ in der Milch auflösen und mit allen anderen Zutaten zu einem Teig verarbeiten. 10 Minuten kühl rasten lassen, dann auf einem bemehlten Brett circa 1/2 cm dick rechteckig ausrollen; jeweils von außen zur Mitte einschlagen, dann in der Mitte zusammenfalten (ergibt vier Schichten); wieder 10 Minuten im Kühlschrank rasten lassen, ausrollen, zusammenschlagen und rasten lassen, die Prozedur noch zweimal wiederholen. Den Teig circa 1 cm dick ausrollen, runde Formen ausstechen, auf ein gefettetes Backblech setzen und etwas gehen lassen. Mit Eidotter bestreichen und bei mittlerer Hitze im Rohr backen. Paßt gut als Knabbergebäck zu Weißwein.

Wanderer, kommst du nach Süden, schau' dir Moschendorf an. Bei einem Gläschen Uhudler, einer kleinen Jause siehst du die Welt anders als zuvor.

Buschenschenken in der Süd- und Südoststeiermark

Die Süd- und die Südoststeiermark befinden sich im Südosten Österreichs. Die Südsteiermark ist mit ungefähr 1900 Hektar Rebfläche das größte steirische Weinbaugebiet und gliedert sich in die Slowenien zugewandten Weingärten an der südsteirischen Weinstraße und in die Sausalregion westlich der Stadt Leibnitz. Vom Grenzort Spielfeld aus führt eine der schönsten Weinstraßen Österreichs an der slowenischen Grenze entlang über die Gemeindegebiete von Ehrenhausen, Gamlitz und Leutschach (auch bekannt als Hopfenmarkt) bis nach Arnfels. Im Weinbaugebiet Südoststeiermark - nahe der Grenze nach Ungarn und Slowenien - mit dem Hauptort Klöch werden etwa 1200 Hektar Weingärten bewirtschaftet, die ziemlich verstreut sind. Das Wahrzeichen des Weinlandes Steiermark ist der Klapotez, eine Art Windrad, meist aus dem Holz von Kirschen- oder Zwetschkenbäumen gefertigt. Der Name wurde vom slawischen „klopotati“ abgeleitet, was soviel wie Klappern bedeutet. Durch das Schlagen der Klöppel sollen die Vögel aus den Weingärten vertrieben werden. In den letzten Jahren wurden allerdings viele Klapotez in allen Größen als Dekoration aufgestellt. Die Buschenschenken liegen mitunter abseits und sind nicht ganz einfach zu erreichen; sitzt man aber schließlich in der „richtigen“, lohnen Wein, Jause und Ausblick in die gerne mit der Toskana verglichene Landschaft alle Mühe. Beliebt in der warmen Jahreszeit ist neben der „Mischung“ (Wein und Mineralwasser) der „Steirische Mischsatz“, dessen verschiedene Sorten gemeinsam in einem Weingarten stehen - ähnlich dem Wiener „Gemischten Satz“. Die klassischen Sorten Welschriesling, Muskateller, Sauvignon blanc, Morillon (Chardonnay), Weiß- und Grauburgunder sowie Traminer werden oft in der Bouteille oder glasweise angeboten, weil in der Steiermark etwa 70 Prozent des Weins in 0,75 l-Flaschen abgefüllt wird. Rotwein gibt es nur wenig; wenn, dann überwiegend in der Südoststeiermark. Die Steiermark hat ein strenges Buschenschankgesetz, das, was die Auswahl der Speisen betrifft, nicht viele Variationsmöglichkeiten zuläßt; dennoch scheint gerade dies mitunter die Phantasie zu beflügeln. Es darf, mit Ausnahme von gekochten Hauswürsteln, nur kaltes Essen gereicht werden. Dabei finden sich allerdings köstliche Spezialitäten, wie etwa Verhackert: Frischer, fetter Speck von Schweinen wird mit Salz eingerieben und kalt geräuchert, dann erbsengroß „verhackt" (heutzutage meistens faschiert), in einem Holz- oder Steinguttopf eingestampft und mit einem Deckel verschlossen aufbewahrt. Verhackert wird auch zum Haltbarmachen von Fleisch und Würsten verwendet, die darin konserviert werden, und zwar in Kübeln (Eimern), weswegen das Ganze dann Kübelwürste oder -fleisch heißt. Typisch sind auch die Käferbohnen, große, rosa-schwarz gescheckte Bohnen, die gekocht und danach als Salat mit Rettich (gerieben oder dünn gehobelt) und Kernöl angemacht werden. Kernöl gehört ebenso zu den Besonderheiten der Steiermark; das dunkelgrüne Öl wird in einem aufwendigen Prozeß (weswegen es nicht gerade billig ist) aus den Kernen von Kürbissen gepreßt und schmeckt sehr intensiv. Die Kerne werden auch zum Knabbern angeboten. Die Brettljause besteht aus Geselchtem, „Brüstl" (gebratener Schweinsbrust), Speck, Hauswürsteln, oft „Kübelwürste", Leberwurst, Blunz'n, Schnitt- und Frischkäse, und wird mit Eischeiben, Paprikaschoten, Gurkerln, Paradeiserachteln und frisch geriebenem Kren garniert; das Gemüse kommt oft aus dem Hausgarten. In der Südoststeiermark gehört außerdem das Meisterbratl (oder Moastabratl) dazu, ein luftgetrocknetes, dünn aufgeschnittenes Schweinskarree. Wird ein „Saurer Winzer" serviert, ist es nicht dem Hausherrn an den Kragen gegangen, sondern es handelt sich um Geselchtes in einer Marinade aus Essig und Kernöl. Außerdem gibt es Schweins- oder Hendlsulz, Liptauer, Schmalz, Bauernbrot, und köstliche Mehlspeisen aus Germ- (Hefe-) teig, wie Buchteln, Schnecken, Strauben, Stanglkrapfen, Topfenfleck... Im Herbst werden zum Most und Sturm Kastanien gebraten, die am Baum vor der Tür oder am nächsten Waldrand gewachsen sind.

Eine der schönsten Zeiten ist der Herbst, bei einem Gläschen Sturm und frisch gerösteten Kastanien.

Reizvolle Süd-
und Südoststeiermark
mit ungeahnten Ausblicken
und Delikatessen.

Stanglkrapfen (oder Germstrauben)

nach Johanna Polz, Graßnitzberg

1 kg glattes *(feingemahlenes)* **Mehl**

42 g frische Germ *(Hefe)* **= 1 Würfel**

1/2 l Milch

40 g Staubzucker

1 Päckchen Vanillezucker

150 g weiche Butter

abgeriebene Schale von 1 Zitrone (unbehandelt)

circa 1/16 l Rum

1 ganzes Ei

4 Eidotter *(Eigelbe)*

Schmalz zum Ausbacken

Staubzucker zum Bestreuen

Das Mehl in eine große Schüssel häufen, oben eine Vertiefung hineindrücken. In dieser Mulde circa 1/8 l lauwarme Milch, die zerbröselte Germ und etwas Mehl verrühren (= Dampfl / Vorteig) und an einem warmen Ort gehen lassen, bis sich an der Oberfläche Risse zeigen (das dauert etwa 10 bis 15 Minuten).

Dann das Dampfl mit dem Mehl und den übrigen Zutaten zu einem seidigen Teig verarbeiten. In einer Schüssel an einem warmen Ort gehen lassen, zusammenschlagen und nochmals gehen lassen. Dann den Teig wieder zusammenkneten, auf einem bemehlten Brett circa 2 cm dick ausrollen und in Rechtecke von etwa 8 x 12 cm schneiden; jedes Rechteck mit einem Teigrad zweimal der Länge nach innen bis 1 cm vom Rand einschneiden. Die Teigstücke auseinanderlegen und noch einmal mit einem Tuch abgedeckt gehen lassen. In einem großen Topf in reichlich Schmalz (etwa 10 cm hoch) backen, und zwar die erste Seite zugedeckt, die zweite Seite offen. Mit Staubzucker bestreut servieren.

So läßt man sich verwöhnen:
jung und alt sind beim Heurigen
willkommen.

Der Buschenschank in der Weststeiermark

Südwestlich von Graz, von Norden nach Süden, erstreckt sich das Weinbaugebiet Weststeiermark mit etwa 480 Hektar Rebfläche. Charakteristisch für die Landschaft sind oft gut erhaltene alte Bauernhäuser und Kellerstöckl mit hölzernem Aufbau. In den mitunter sehr steilen Weingärten an den Ausläufern der Koralpe mit den Hauptorten Ligist, Stainz, St. Stefan ob Stainz und Deutschlandsberg finden sich die Rebsorten Weißburgunder, Grauburgunder, Traminer und Zweigelt. „Die“ Rebsorte beziehungsweise „der“ Wein der Weststeiermark ist jedoch der spätreifende Blaue Wildbacher. Bekannt und vermarktet als Schilcher („schilchen“ oder „schillern“ ist eine alte Bezeichnung einer zwischen Rot und Weiß spielenden Farbe) sieht er aus wie ein Rosé, ist aber tatsächlich eine Rotweinsorte. Zu Beginn der siebziger Jahre erlebte der bislang hauptsächlich regional bekannte Schilcher einen Aufschwung; dadurch kam es zu einem enormen Preisanstieg. Der Preis hat sich zwar inzwischen wieder eingependelt, trotzdem ist ein Viertel Schilcher teurer als die anderen offenen Weine der Steiermark. Gekennzeichnet durch seine ziemlich hohe Säure („Sie haben uns einen rosaroten Essig vorgesetzt, den sie Schilcher nannten.“, beklagte sich gegen Ende des 18. Jahrhunderts Papst Pius V., als er Kaiser Joseph II. besuchte) ist der Schilcher ein würzig-rustikaler Wein, der sich auch als Grundwein für die Sektproduktion eignet. Vor allem im Sommer auf den Terrassen oder unter den Nußbäumen der Buschenschenken ist er eine feine Erfrischung. Sehr beliebt ist auch der Schilcher-Sturm, der wegen seiner Säure herzhafter und weniger süßlich als Sturm aus Weißweintrauben schmeckt. Obligatorisch dazu sind gebratene Kastanien. Das Speisenangebot ähnelt dem der Süd- bzw. Südoststeiermark: Brettljause, Verhackert, Hauswürstl, Käferbohnensalat mit Kernöl, Aufstriche und Mehlspeisen aus Germteig; Strauben werden aber um Stainz meist aus Mürbteig gebacken.

Herzliche Gastfreundschaft und Abgeschiedenheit in der Weststeiermark.

Stainz

Käferbohnensalat

Käferbohnen über Nacht einweichen; ohne Salz weichkochen. In einer Marinade aus **Essig, Kernöl, Salz** und **Pfeffer** und nach Belieben mit feingehackter Zwiebel oder frischgeriebenem Kren *(Meerrettich)* oder geriebenem oder in hauchdünne Scheiben geschnittenem Rettich servieren.

In der frischen Luft schmeckt es noch einmal so gut.

Hendlsulz

1 frisches Huhn
1 Hühnerkarkasse
1 Bund Suppengrün (Karotte, gelbe Rübe,
etwas Knollensellerie, Petersilienwurzel und -grün, Lauch)
1 Zwiebel
Lorbeerblatt, Pfefferkörner, Salz
eventuell Blattgelatine
verschiedene Gemüsesorten (Erbsen, Karotten, Champignons,
Fisolen = grüne Bohnen, ...) insgesamt etwa 500 g
Zum Anrichten:
Blattsalate
Essig und Öl für eine Salatmarinade

Vom Huhn Brust und Schenkel abtrennen.
Beide Karkassen zerkleinern. Suppengrün putzen, waschen, in Stücke schneiden. Hühnerknochen und Innereien mit Zwiebel, Suppengrün und Gewürzen in einen Topf geben, mit Wasser bedecken, aufkochen; circa 1 1/2 Stunden köcheln, dabei immer wieder abschäumen und entfetten.
Hühnerbrust etwa 15 bis 20 Minuten, Schenkel etwa 20 - 25 Minuten mitkochen lassen, bis sie gar sind. Brust und Schenkel herausnehmen, etwas abkühlen lassen, enthäuten und von den Knochen lösen; Fleisch in Würfel schneiden. Suppe durch ein mit einem Tuch ausgelegtes Sieb gießen. Gelierprobe machen (1 - 2 Eßlöffel Suppe auf einen kleinen flachen Teller geben, in den Kühlschrank stellen; die Suppe sollte innerhalb von 10 - 15 Minuten fest sein); bei Bedarf zusätzlich Blattgelatine verwenden. Gemüse putzen, waschen, nach Sorten getrennt in etwas Salzwasser nicht zu weich kochen.
Eine Form mit Klarsichtfolie auskleiden, Gemüse und Fleisch darin verteilen, mit der Suppe auffüllen.
Im Kühlschrank stocken lassen, dann stürzen, in Scheiben schneiden und mit marinierten Blattsalaten anrichten.

Von Süd und Ost belagert
stürmisch unsre Alpen unser Wein
Da ist der weiße Wein von Wien und
Gumpoldskirchen,
der von Krems, aus der Wachau,
dann die von Baden, Sooß,
Pfaffstätten und der rote von Vöslau,
und weiter dann im Süden unsrer
Steiermark
das Hochgewächs von Luttenberg.
Zumeist verachtet von den Fremden
wie das meiste, das wir haben,
weil zu anspruchslos im Äußern
ist die Gabe,
ist köstlich unser Wein nur dem,
der ihn zu finden weiß.

Ernst Krenek,
Reisebuch aus den Österreichischen Alpen

Glossar

Achte(r)l: 0,125 Liter Wein; im Stehen zu sich genommen heißt es „Steh-Achte(r)l", wenn man gehen will und sich doch noch nicht losreißen kann „Flucht-Achte(r)l"

Almdudler: Kräuterlimonade

Alter, Altwein: Wein im Jahr nach der Lese ab Martini (11. November), wenn der neue ➔ Heurige angeboten werden darf

Ausg'steckt: die periodische Öffnungszeit eines ➔ Heurigen wird durch einen am Tor angebrachten ➔ Buschen, meist aus Föhrenzweigen, angezeigt; ➔ Buschenschank

Backhendl, Backhuhn: geteiltes und paniertes junges Huhn, in heißem Fett gebacken; klassisch mit Haut

Banderole: jede Flasche (mit Ausnahme von Tafel- und Landwein nach der Weingesetznovelle von 1995) muß mit einer streifen- oder kreisförmigen Banderole versehen sein; diese dient der Mengenregistrierung und muß beim Öffnen der Flasche automatisch zerstört werden

Bergwein: stammt aus Weingärten mit Hangneigungen über 26 Prozent; er darf, auch wenn er sensorisch nicht die Stufe Qualitätswein erreicht, in 0,75 l und 0,375 l Flaschen abgefüllt werden

Blunz'n: Blutwurst

Bouteille: 0,75 Liter-Flasche

Bratenfett, Bratlfett: Fett, das beim Braten von Schweinefleisch austritt und beim Kaltwerden stockt, mit etwas geliertem Bratensaft; Brotaufstrich

Brathendl: Brathuhn

Brettljause: Speck, Trockenwürste, kalter Braten, Käse und verschiedene Aufstriche; individuell zusammengestellt

Brimsen: Schafstopfen (Quark), aus dem früher ➔ Liptauer zubereitet wurde

Buschen: zeigt an, daß hier nur Wein aus dem Eigenbau angeboten wird; in der Wachau eine aus Stroh geflochtene Sonne, um Poysdorf (Weinviertel) Hobelscharten

Buschenschank: hier werden Eigenbauweine ausgeschenkt

Deka: österreichische Kurzform für Dekagramm; 10 Gramm

Doppler: traditionelle Flaschenform („Magnum des kleinen Mannes“ - „Österreich-Magnum“) mit 2 Litern Inhalt

Drüberstreuer: zum Abschluß eines Heurigenbesuches wird noch ein besonderer Wein getrunken

Elfer-Messe, in die Elfer-Messe gehen: Besuch eines ➔ Heurigen, der sonntags am Vormittag nach der Heiligen Messe (um 10.00 Uhr) schon geöffnet hat

Erdäpfel: Kartoffeln

Erdäpfelkas: Aufstrich aus gekochten, passierten Erdäpfeln und Topfen (Quark); Waldviertel

Erdäpfelschmarrn: geröstete Kartoffeln

Faschiertes: durch den Fleischwolf gedrehtes Fleisch; auch Schinken, Fisch usw. können faschiert werden

Faschiertes Laberl: Bulette

Federspiel: Weine im Kabinettbereich mit einem Alkoholgehalt von nicht mehr als 12,3 Vol.%; Wachau

Feuerflecken: aus Resten von Brotteig direkt auf der Herdplatte gebackene Fladen, die mit einer Kräuter- bzw. Knoblauchsauce aufgerollt und gegessen werden

Fiaker: Pferdekutsche(r)

Fleckerl(n): in kleine Vierecke geschnittener Nudelteig; Name der Speise daraus (Schinken-, Kraut-)

Fluchtachte(r)l: ➔ Achte(rl)

Gemischter Satz (G'mischter): Wein aus verschiedenen Rebsorten, die zusammen in einem Weingarten stehen und gemeinsam gelesen und verarbeitet werden

Geselchtes: geräuchertes Fleisch

G'spritzter (Spritzer): ein ➔ Achtel Wein, aufgespritzt mit einem Achtel Sodawasser

Gleich'preßter: Weiß- oder Roséwein aus blauen Trauben

Grammeln: Grieben

Grammelpogatscherl: Gebäck aus schwerem Hefeteig mit gehackten oder faschierten ➔ Grammeln

Großheuriger: gemeinsames Ausstecken der Winzer eines Ortes an einem bestimmten Platz (Straße, Festplatz, ...)

Gurkerl: kleine Essiggurken

Hauer: Winzer, Weinhauer; abgeleitet von der „Haue“

Haxel, Haxl, Haxerl, Haxe: Beine (Hühner-, Kalbs-)

Hend(e)l: junges Huhn

Heurige: Frühkartoffeln

Heuriger: einerseits der Wein des letzten Jahrgangs und andererseits das Lokal, wo dieser Wein ausgeschenkt wird. Am Fest-tag des Hl. Martin, dem 11. November, wird der Wein der letzten Lese als Heuriger zum ersten Mal ausgeschenkt; der vorhergehende Jahrgang wird zum ➔ Altwein

Heurigenexpress: Wiener Straßenbahnlinie 38 nach Grinzing

Hiatabam: Zeichen, daß ein Weinhüter die reifenden Trauben vor Dieben bewacht

Jause: Brotzeit, Vesper, kleine Mahlzeit zwischendurch

Käferbohnen: große, rosa-schwarz gescheckte Bohnensorte (Phaesolus coccineus L.; Feuerbohne); Steiermark

Kaisermischung: Wein und Apfelsaft; Oststeiermark

Kellergasse, Kellerviertel: meist am Ortsrand gelegene Ansammlung von Weinkellern und Preßhäusern; die schönsten befinden sich im Weinviertel und im Südburgenland

Kellergassenfest: Fest in einer Kellergasse mit „offenen Kellertüren", Weinkost, Umzug, ...

Kernöl, Kürbiskernöl: dunkelgrünes Öl, gepreßt aus den Kernen von Kürbissen; Steiermark

Kirtag: Kirchweihfest; Fest am Namenstag des Kirchenpatrons

Klosterneuburger Mostwaage (KMW): Senkspindel zur Messung des Zuckergehalts im Most, der auf einer Skala in Prozent angezeigt wird; 1 Grad KMW=4,86 Öchsle

Knierling: Teil der Schweins ➔ Haxn unterhalb des Knies; wie ➔ Stelze zubereitet

Knopferlharmonika: Zieharmonika nur mit Knöpfen, keine Tasten

Kracherl: Zitronenlimonade

Krautpaprika: mit Sauerkraut gefüllte, eingelegte, meist rote (seltener gelbe) Paprikaschote

Kren: Meerrettich

Kübelfleisch (Kübelwürste): steirische Spezialität; Kübel = Eimer; in einem Kübel in ➔ Verhackert (zur Konservierung) eingelegtes Fleisch bzw. Würste

Kümmelbraten: gebratener Schweinebauch, mit Kümmel gewürzt

Kukuruz: Mais

Liptauer: ➔ Topfen mit Butter und Gewürzen (als Brotaufstrich); original mit ➔ Brimsen

Marillen: Aprikosen

Maroni: (geröstete) Edelkastanien

Martini: Fest des Hl. Martin am 11. November; Stichtag für den ➔ Heurigen

Meisterbratl (Moastabratl): luftgetrocknetes Schweinskarree; oststeirische Spezialität

Mischung: Getränk aus Wein und Mineralwasser; Steiermark

Obi: Apfelsaft

Paradeiser: Tomate

Pischinger: Waffeln mit verschiedenen Füllungen; typische Heurigenknabberei in Wien

Reifenbeißer: spöttische Altwiener Bezeichnung für Weine mit sehr hohem Säuregehalt

Resch: Geschmacksausdruck für säurebetonte, trockene, frische und rassige Weine

Ried: kleinste geographische Einheit einer Weinbergslage

Salzstangerl: längliches Weißgebäck, mit Salz (und Kümmel) bestreut

Sardellenbutter: Brotaufstrich aus Butter und eingelegten, passierten Sardellenfilets

Saubohnen: dicke Bohnen

Saumeise (oder Saumaise): faschiertes, gewürztes Schweinfleisch, das zu portionsgroßen Kugeln geformt und in Schweinsnetz eingewickelt wird, mit Spagat (Schnur) kreuzweise umbunden, um für das folgende Räuchern aufgehängt werden zu können; Saumeisen sind lange haltbar, werden gekocht oder auch gebraten und kalt oder warm gegessen

Saurer Winzer: ➔ Geselchtes in einer Marinade aus Essig und ➔ Kernöl; Steiermark

Sauser: ➔ Sturm - wahrscheinlich so benannt nach der möglichen Wirkung auf die Verdauung

Schilcher: roséfarbiger Wein aus der Sorte Blauer Wildbacher; Weststeiermark, manchmal auch Südsteiermark

Schmeckerter: stark aromabetonter Wein (z. B. Muskateller, Muskat-Ottonel)

Schmerstrudel: eine Art Blätterteig, aber nicht mit Butter, sondern mit Fett vom Schweinebauch (= Schmer) gemacht und mit Marmelade gefüllt

Schwips: beginnende Trunkenheit

Selchfleisch, -würstel: geräuchertes Fleisch bzw. Würstel

Semmel: Weißbrötchen

Smaragd: bezeichnet die besten und wertvollsten Weine der Wachau; der Name kommt von den grün-bläulich schimmernden Smaragdeidechsen, die in den Steinterrassen leben.
Diese Spätleseweine sind durchgegoren und haben höchstens 9 Gramm Restzucker, gelten also als trocken (bis zum Jahrgang 1992 waren sie bei einem Restzuckergehalt von 4 - 9 Gramm laut damals geltendem Gesetz halbtrocken)

Spezi: besonderer = spezieller Wein beim ➔ Heurigen, meist reinsortig

Spritzer: ➔ G'spritzter

Staatliche Prüfnummer: Qualitäts- und Prädikatsweine müssen, bevor sie in den Verkauf gelangen, einer sensorischen und analytischen Prüfung unterzogen werden und erhalten bei Bestehen die Prüfnummer, die auf dem Etikett angegeben werden muß

Staubiger: junger, ungefilterter, noch trüber Wein

Stehachte(r)l: ➔ Achte(rl)

Steinfeder: benannt nach einer regionstypischen Grasart (stipa pennata), steht für leichte, fruchtige Wachauer Weine, immer trocken und nicht aufgebessert, mit einem Alkoholgehalt von höchstens 10,7 Vol.%

Stelze: Eisbein

Stifterl: Weinflasche mit 0,375 Liter Inhalt (meistens für hohe Prädikatsweine; bei trockenen Weinen manchmal auch für Flaschen mit 0,25 Liter).

Stoppel: Kork; wenn ein Wein „stoppelt", hat er Korkgeschmack

Strauben: Gebäck aus Germ- oder Mürbteig; Steiermark

Stricherlliste: Zettel, auf dem die Getränkekonsumation vermerkt wird

Sturm (Federweißer): noch gärender Wein

Topfen: Quark

Topfenfleck: Mehlspeise aus Hefeteig und ➔ Topfen

Tschechern: viel und schnell trinken

Uhudler: Wein aus Direktträgersorten; Südburgenland

Verhackert: kaltgeräucherter, dann gehackter (heute meist ➔ faschierter) Schweinespeck; dient zur Konservierung von ➔ Kübelfleisch und Kübelwürsten; wird als Brotaufstrich gegessen; Steiermark

Viertel: 0,25 Liter; übliche Maßeinheit beim Heurigen

Vöslauer: Synonym für die Rebsorte Blauer Portugieser
Wachauer Laberl: Brötchen
Weinbeißer: eine Art Lebkuchen mit Zuckerglasur
Weinheber: Gerät, um Wein aus dem Faß zu entnehmen
Weintaufe: Segnung des neuen Weins durch den (Orts-)Pfarrer und Namensgebung durch einen - meist prominenten - Paten
Zwetschken (Zwetschgen): blaue Pflaumen

Die kleinen Köstlichkeiten: Hauswürstel, Strauben und dazu ein guter Wein.

Grinzing
Kaiser Josef II
gestattete anno 1784 jedem Weinhauer
von ihm selbst erzeugten Wein auszuschenken.
Seither heißt es immer wieder
Ausg'steckt
Dieses Zeichen und der Föhrenbuschen
garantieren, daß in diesen Häusern
ausschließlich Eigenbauweine
zum Ausschank gelangen
H. Schmidt
Cobenzlgasse 38
J. Lier
Wildgrube 44
WG Reinprecht
Cobenzlgasse 22
R. Berger
Himmelstr. 29
F. Wiegel
Himmelstr. 20
K. Hengl
Himmelstr. 7
H. Obermann
Cobenzlgasse 102
F. Hengl
Iglaseegasse 10
H. Maly
Sandgasse 8
Sandgasse 6
Bach-Hengl
Sandgasse 9
Langackerg. 11
R. Wagner
Paradisgasse 24
Langackerg. 5a

Adressen

Diese Auswahl meiner Lieblingsadressen ist subjektiv und erhebt keinerlei Anspruch auf Vollständigkeit; genannt sind Heurige und Buschenschenken, wo meine Frau und ich uns wohlfühlen, der Wein gut ist, das Essen schmeckt und die Atmosphäre stimmt.
Sie soll als Leitfaden dienen, der persönlichen Entdeckungen Raum läßt; nützlich dafür sind die unter Literatur angegebenen Heurigen- und Buschenschankführer.

Preise: * = *niedrig*
** = *mittel*
*** = *hoch*

Die Preise für ein Viertel offenen Wein variierten 1996 von öS 16,- bis öS 27,-; in Relation dazu stehen meist die Preise für das Essen.

Öffnungszeiten: wir empfehlen, sich vor einem geplanten Besuch zu vergewissern, ob wirklich „ausg'steckt" ist - die angegeben Zeiten ändern sich häufig.
An den Wochenenden, ganz besonders im Herbst, sind viele Heurige und Buschenschenken gut besucht; eine Tischreservierung ist ratsam.

Wien

Anreise

➔ Mit dem Auto ist Wien von München / Salzburg über die A 1 Westautobahn zu erreichen, von Passau über die A 8 Innkreisautobahn Richtung Wels / Linz, weiter über die A 1.

➔ Sehr gute Flug- und Bahnverbindungen mit allen größeren europäischen Städten.

➔ Bei einem Heurigenbesuch ist es vernünftig, auf das eigene Auto zu verzichten. Wir haben bei allen Heurigen die Erreichbarkeit mit öffentlichen Verkehrsmitteln angegeben; zu einigen muß man dann noch ein paar Minuten zu Fuß gehen.
Falls Sie ein Taxi benützen wollen, ist es vor allem am späten Nachmittag während der Hauptverkehrszeit schneller (und billiger), erst mit der jeweiligen U-Bahn zur Endhaltestelle zu fahren; bei allen End- und vielen größeren Haltestellen gibt es Taxistandplätze.

Für die Heimfahrt wird Ihnen bei jedem Heurigen ein Taxi gerufen, wenn Sie die Servicemitarbeiter darum bitten.
Die Nachtbusse fahren im 30-Minuten-Takt, haben einen eigenen Tarif und sind ebenfalls eine gute Möglichkeit, sicher nach Hause zu kommen, wenn es spät geworden ist...
➔ Telefon-Vorwahl aus Österreich: 01
aus dem Ausland: +1

PETER UND GERTRUDE BERNREITER
Amtsstraße 24 - 26
1210 Wien - Jedlersdorf
Telefon 292 36 80
Charakteristik: Familienbetrieb. Angenehmer, schattiger Innenhof, großer Gastraum. Spezialität ist Gebackenes; empfehlenswert sind die Weine aus Burgundersorten. Mitglied „Vienna Classic".
Preise **
Ausschankzeiten: in den „geraden" Monaten (Februar, April, ...) Montag bis Samstag ab 14.00 Uhr, Sonn- und Feiertag ab 11.00 Uhr
Lage / Erreichbarkeit: Straßenbahnlinien 31 oder 33 (ab U-Bahn U 6 / Floridsdorf) bis Haltestelle Siemensstraße; Nachtbus N 31

LEOPOLD BREYER
Amtsstraße 15
1210 Wien - Jedlersdorf
Telefon 292 41 48
Charakteristik: Familienbetrieb mit persönlicher Atmosphäre; besonders gut schmecken Erdäpfelsalat und -schmarrn; große Käseauswahl; ausgezeichneter offener Rotwein.
Mitglied „Vienna Classic". Preise**
Ausschankzeiten: täglich außer Sonntag und Montag ab 15.00 Uhr; geschlossen je ein bis zwei Wochen im Jänner *(Januar) und* Juli.
Lage / Erreichbarkeit: Straßenbahnlinien 31 oder 33 (ab U-Bahn U 6 / Floridsdorf) bis Haltestelle Siemensstraße; Nachtbus N 31

FUHRGASSL-HUBER
Neustift am Walde 68
1190 Wien - Neustift am Walde
Telefon 440 14 05

Charakteristik: Großer (insgesamt etwa 700 Sitzplätze), trotzdem gemütlicher Heuriger - einer der bekanntesten in Wien; beliebt für Gesellschaften; terrassenartig angelegter Hof mit vielen Blumen und Blick in die Weingärten; großes Heurigenbuffet mit vielen Salaten. Mitglied „Vienna Classic". Preise***
Ausschankzeiten: ganzjährig ab 14.00 Uhr
Lage / Erreichbarkeit: Autobuslinie 35A (ab U-Bahn U 6 / Spittelau) bis Haltestelle Neustift am Walde

MARTIN KIERLINGER
Kahlenberger Straße 20
1190 Wien - Nußdorf
Telefon 37 22 64
Charakteristik: Ein trotz der prominenten Lage noch ursprünglicher, familiärer Heuriger; ein Kellner erinnert in Sprache und Gestik stark an Hans Moser; Sardellenbutter, Liptauer (mild oder scharf) nach altem Familienrezept. Mitglied „Vienna Classic". Preise ***
Ausschankzeiten: auf Anfrage, ab 16.00 Uhr
Lage / Erreichbarkeit: Endhaltestelle der Straßenbahnlinie D; Nachtbus N 36

LEOPOLD KLAGER
Stammersdorfer Straße 18
1210 Wien - Stammersdorf
Telefon 292 13 56
Charakteristik: Typischer Heuriger mit vielen Stammgästen: die Mutter kocht, der Winzer schenkt aus; Riesling-Sekt. Mitglied „Vienna Classic". Preise **
Ausschankzeiten: Februar, April, Juni, August, Oktober, Dezember (außer Weihnachten) täglich ab 14.00 Uhr
Lage / Erreichbarkeit: Straßenbahnlinie 31 (ab U-Bahn U 6 / Floridsdorf) bis zur Endhaltestelle; Nachtbus N 31

WEINGUT MAYER AM PFARRPLATZ
Am Pfarrplatz 2
1190 Wien
Telefon 37 12 87 (ab 16.00 Uhr)
oder 37 33 61 (8.00 bis 15.00 Uhr)
Charakteristik: Beethovenhaus.

Im Sommer 1817 wohnte hier Ludwig van Beethoven und arbeitete an seiner 9. Symphonie. Großer (insgesamt 800 Sitzplätze, aber mit getrennten Räumen und Garten) Nobelheuriger, viel Prominenz. Empfehlenswert sind das Backhendl mit Leber, der Gemischte Satz vom Nußberg und Rieslinge, auch von älteren Jahrgängen. Renommiertes Weingut; Mitglied „Vienna Classic". Preise ***
Ausschankzeiten: Mitte Jänner *(Januar)* bis Mitte Dezember, täglich ab 16.00 Uhr, Sonn- und Feiertag ab 11.00 Uhr
Lage / Erreichbarkeit: Autobuslinie 38A (ab U-Bahn U 4 / Heiligenstadt bzw. Straßenbahnlinie D / Haltestelle Grinzinger Straße) Haltestelle Fernsprechamt Heiligenstadt; Nachtbus N 36 (ab Heiligenstädterstraße). Am Wochenende unbedingt reservieren!

JOHANN UND MARTIN OBERMANN
Cobenzlgasse 102
1190 Wien
Telefon 318 43 41
Charakteristik: Abseits der Touristenströme etwas oberhalb von Grinzing Richtung Kahlenberg gelegener, sehr gepflegter Heuriger mit etwa je 100 Plätzen im schattigen Hof und in den Stüberln. Preise ***
Ausschankzeiten: je drei Wochen zu Ostern, Ende Juni - Mitte Juli, September, Ende Oktober - Mitte November; täglich ab 16.00 Uhr
Lage / Erreichbarkeit: Autobuslinie 38A (ab U-Bahn U 4 / Heiligenstadt bzw. Straßenbahnlinie D / Haltestelle Grinzinger Straße) Haltestelle Feuerwache Grinzing; Nachtbus N 38 (ab Grinzing)

ANTON PETRITSCH
Untere Sätzen 5 / Kellergasse 241
1210 Wien - Strebersdorf
Telefon 292 66 91
Charakteristik: Inmitten der Weingärten des Bisambergs gelegen; Sekt. Mitglied „Vienna Classic". Preise **
Ausschankzeiten: Jänner *(Januar)* bis März jeweils Donnerstag bis Sonntag, Mitte April bis Mitte August und September bis November täglich außer Montag; Öffnungszeiten: wochentags ab 16.00 Uhr, Samstag und Sonntag ab 11.30 Uhr
Lage / Erreichbarkeit: Straßenbahnlinie 31 (ab U-Bahn U 6 / Floridsdorf) bis zur Endhaltestelle; Nachtbus N 20 (ab Strebersdorf)

FRANZ RATH
Hameaustraße 11
1190 Wien - Neustift am Walde
Telefon 440 29 44
Charakteristik: Kleiner, typischer Heuriger, der Garten ist nicht zubetoniert, sondern die Tische stehen auf einer grünen Wiese; ein alter Nußbaum ist als Naturdenkmal geschützt. Preise **(*)
Ausschankzeiten: Juni bis August Donnerstag und Freitag ab 16.00, Samstag und Sonntag ab 15.00 Uhr
Lage / Erreichbarkeit: Autobus 35A (ab U-Bahn U 6 / Spittelau) Haltestelle Celtesgasse; Nachtbus N 35

FRANZ RUCKENBAUER
Sandgasse 6
1190 Wien - Grinzing
Telefon 32 14 55 (320 14 55)
Charakteristik: Trotz zentraler Grinzinger Lage nicht allzu sehr von Touristen überlaufen; der Schankwein ist ein typischer Gemischter Satz. Preise ***
Ausschankzeiten: Jänner *(Januar)*, März bis Anfang August, September bis Mitte November täglich außer Montag ab 14.45 Uhr
Lage / Erreichbarkeit: Endhaltestelle der Straßenbahnlinie 38; Nachtbus N 38

HERBERT SCHILLING
Langenzersdorferstraße 54
1210 Wien - Strebersdorf
Telefon 292 41 89
Charakteristik: Großer, naturbelassener Garten mit Kinderspielplatz und Blick in die Weingärten. Sekt „Wiener Augustin".
Mitglied „Vienna Classic". Preise **
Ausschankzeiten: in den geraden Monaten täglich ab 16.00 Uhr, Sonn- und Feiertag ab 15.00 Uhr
Lage / Erreichbarkeit: Endhaltestelle der Straßenbahnlinie 26 (ab U-Bahn U 6 / Floridsdorf); Nachtbus N 20

JOSEF SCHMIDT
Stammersdorfer Straße 105
1210 Wien - Stammersdorf / Telefon 292 66 88

Charakteristik: Hauerhaus mit einer Sammlung alter Baumpressen; vom reichhaltigen Buffet gibt es auch Knierlinge; eine Passion des Winzers sind Trebern- und Obstbrände. Preise **
Ausschankzeiten: Donnerstag bis Sonntag, Ostermontag, Pfingstmontag ab 15.00 Uhr; im Juli geschlossen
Lage / Erreichbarkeit: Straßenbahnlinie 31 (ab U-Bahn U 6 / Floridsdorf) bis zur Endhaltestelle; Nachtbus N 31

STIFT ST. PETER
Rupertusplatz 5
1170 Wien - Dornbach
Telefon 486 46 75
Charakteristik: Dieser Heurige wird von Benediktinern in den alten Kellergewölben des Stiftes St. Peter betrieben, der Wein stammt aus der nahegelegenen stiftseigenen Ried Alsegger, die in Naturalpacht an das Weingut Mayer am Pfarrplatz vergeben ist. Hierher kommen fast ausschließlich Stammgäste, die zum Teil ihr Essen selbst mitbringen. Sehr gutes kaltes Buffet mit Aufstrichen, verschiedenen Würsten und Schinken, große Auswahl an eingelegtem Gemüse (Krautpaprika, Gurkerl, Pfefferoni, ...). Preise ***
Ausschankzeiten: jeweils 9 Tage (erste Monatshälfte) im Jänner, Februar, zu Ostern, im Juni, September, Oktober, Dezember; Montag bis Freitag ab 17.00 Uhr, Samstag und Sonntag ab 16.00 Uhr; am jeweils letzten Tag - immer Montag - einer Öffnungszeit ist eine Veranstaltung: Jazzheuriger, alte Volksmusik... Reservieren!
Lage / Erreichbarkeit: Straßenbahnlinie 43 / Haltestelle Vollbadgasse; Nachtbus N43

ERNST UND HELGA STRAUCH
Langenzersdorferstraße 50a
1210 Wien - Strebersdorf
Telefon 292 53 41 oder 0 22 44 / 35 59
Charakteristik: Ruhiger Hof, bodenständiges Heurigenbuffet; Sodawasser in alten Siphonflaschen; Frizzante. Preise **
Ausschankzeiten: die ersten zwei bis drei Wochen der „ungeraden Monate“, täglich ab 16.00 Uhr, Samstag, Sonn- und Feiertag ab 15.00 Uhr
Lage / Erreichbarkeit: Endhaltestelle der Straßenbahnlinie 26 (ab U-Bahn U 6 / Floridsdorf); Nachtbus N 20

FAMILIE WIENINGER-STEINBATZ
Stammersdorfer Straße 78
1210 Wien
Telefon 292 41 06
Charakteristik: Der bekannteste Heurige in Stammersdorf und einer der ältesten und größten im Ort (mit Innenhof);
viele Gesellschaften. Sehr gutes Buffet mit Aufläufen und Salaten.
Renommiertes Weingut. Preise ***
Ausschankzeiten: Mittwoch bis Sonntag ab 15.00 Uhr. Geschlossen: Jänner *(Januar)*, Februar, 3 Wochen im Juli / Anfang August
Lage / Erreichbarkeit: Straßenbahnlinie 31 (ab U-Bahn U 6 / Floridsdorf) bis zur Endhaltestelle; Nachtbus N 31

Wachau - Kremstal - Kamptal

Anreise

→ NACH KREMS UND IN DIE WACHAU
Von Wien über die Donauuferautobahn A 22 (Ausfahrt Stockerau West) und die Bundesstraße B 3 - Entfernung bis Krems etwa 80 km oder
über die Westautobahn A 1 (Ausfahrt Knoten St. Pölten) und die Schnellstraße S 33 (Entfernung St. Pölten - Krems etwa 30 km)
Von Westen über die Westautobahn A 1 (Ausfahrt Melk).
Durch die Wachau auf der Bundesstraße B 3 (linkes Donauufer, Brücke Melk) oder auf der Bundesstraße 33 (rechtes Donauufer, Brücke Mautern - Stein)

→ NACH LANGENLOIS UND INS KAMPTAL
Von Wien über die Donauuferautobahn A 22 (Ausfahrt Stockerau West), weiter über die Bundesstraßen B 3 (Abfahrt Fels am Wagram) und B 34 - Entfernung von Wien etwa 80 km; von der B 34 biegt man bei Hadersdorf (von Wien kommend) rechts nach Straß ab.
Von Westen über die Westautobahn A 1 (Ausfahrt Knoten St. Pölten) und die Schnellstraße S 33, die sich nach Krems in der Bundesstraße B 37 fortsetzt; nach etwa 3 Kilometern rechts über die B 218 nach Langenlois (Entfernung St. Pölten - Langenlois etwa 45 km). Von Langenlois führt die B 34 ins Kamptal (Richtung Horn).

Heuriger und Buschenschank leben, zeugen aber auch von Tradition; der Heilige Urban, Schutzpatron der Winzer, wacht darüber.

WEINGÄRTNEREI JOSEF UND ANNA AICHINGER

Hauptstraße 15

3562 Schönberg am Kamp

Telefon 0 27 33 / 237

Charakteristik: Man sitzt sehr gemütlich unter einer Weinlaube oder in der heimeligen Stube mit Kachelofen und Blick in den Weinkeller. Die kalten und warmen Speisen variieren je nach Jahreszeit; es wird großer Wert auf beste Grundprodukte gelegt. Das Fleisch für die „Straußenburger" kommt von einer benachbarten Straußenfarm. Verschiedene Veranstaltungen (Verkostungen, Kulinarien, Brunch, ...). Preise **

Ausschankzeiten: auf Anfrage, Montag bis Donnerstag ab 16.30, Freitag bis Sonntag ab 15.00 Uhr

Lage / Erreichbarkeit: Von Langenlois kommend biegt man am Ortsanfang von Schönberg links ab und folgt den Hinweisschildern; Parkplatz

HEURIGENHOF BRÜNDLMAYER

Helga und Reinhard Hauser

Walterstraße 14

3550 Langenlois

Telefon 0 27 34 / 28 83 oder 35 91

Charakteristik: Der „Heurigenhof" in einem schönen Renaissancehaus mit begrüntem Innenhof ist zwar kein „echter" Heuriger, aber ein leuchtender Fixstern in der Langenloiser Gastronomieszene und wird vom Pächterpaar Helga und Reinhard Hauser liebevoll geführt; die Weine kommen ausschließlich vom Spitzenweingut Wilhelm Bründlmayer - sind also quasi „Eigenbau", daher die Berechtigung als „Heuriger". Serviert werden warme Gerichte je nach Saison und Waldviertler Spezialitäten (Ziegenkäse, Speck, ...). Das Weingut Bründlmayer ist Mitglied der Traditionsweingüter. Preise ***

Ausschankzeiten: März bis Mitte Dezember Donnerstag und Freitag ab 15.00 Uhr, Samstag und Sonntag ab 13.00 Uhr

Lage / Erreichbarkeit: im Zentrum von Langenlois; eigener Parkplatz

WEINSTUBE PETER UND LILETTA DOLLE

Herrengasse 2

3491 Straß

Telefon 0 27 35 / 23 26

Charakteristik: Im weitläufigen Weingut liegt die Weinstube der Dolles, von Liletta „Mitzi" Dolle herzlich betreut. Jausengerichte und monatlich wechselnde warme Speisen. Bilderausstellungen, kulinarische Veranstaltungen, Adventmarkt, ...
Mitglied Traditionsweingüter. Preise **
Ausschankzeiten: Mitte bis Ende Jänner *(Januar)*, März bis Mitte Juni, Ende August bis Mitte Dezember, jeweils Freitag bis Sonntag und Feiertag ab 15.00 Uhr
Lage / Erreichbarkeit: im Zentrum von Straß;
Parken im Hof möglich

MARTIN UND ALEXANDRA DONABAUM - IN DER SPITZ
In der Spitz 3
3620 Spitz an der Donau
Telefon 0 27 13 / 26 44
Charakteristik: Umgeben von Weingärten mit Blick auf die Burgruine Hinterhaus genießt man kalte Wachauer Schmankerl wie Erdäpfelkas, Saumeise oder geräuchertes Forellenfilet; dazu paßt ein Glas Neuburger. Mitglied der „Vinea Wachau". Preise **
Ausschankzeiten: auf Anfrage, Montag bis Freitag ab 13.00 Uhr (im Sommer ab 15.00 Uhr), Samstag und Sonntag ab 10.00 Uhr
Lage / Erreichbarkeit: Von Spitz aus fährt man auf der B 217 Richtung Ottenschlag und biegt nach etwa einem Kilometer rechts zum Weingut ab (Schild). Parkplatz, Gästezimmer

SIGHARDT DONABAUM - ALTES PRESSHAUS
Zornberg 4
3620 Spitz an der Donau
Telefon 0 27 13 / 22 87
Charakteristik: In den Weingärten des Zornbergs gelegen; große, überdachte Terrasse, kalte Wildspezialitäten wie Wildgeselchtes oder -pastete. Mitglied der „Vinea Wachau". Preise **
Ausschankzeiten: 3-4 Wochen im März, Ende Juni bis Mitte August, 3 Wochen im Dezember, jeweils ab „wenn der erste Gast kommt"; Montag Ruhetag.
Lage / Erreichbarkeit: Von Spitz aus fährt man auf der B 217 Richtung Ottenschlag bis Gut am Steg (etwa 3 Kilometer); das Weingut liegt rechts circa 100 Meter oberhalb der Straße; zum Parken biegt man am besten von der B 217 links nach Gut am Steg ab

KARL LAGLER
Rote-Tor-Gasse 10
3620 Spitz an der Donau
Telefon 0 27 13 / 25 16
Charakteristik: Kleiner Innenhof mit Laube und zwei Gasträume; Räucherspezialitäten (Forellenfilet, Saumeise, Rindfleisch, Selchfleischröllchen...); von den Weinen ist der Neuburger zu empfehlen. Mitglied der „Vinea Wachau“. Preise **
Ausschankzeiten: Ende März bis Ende Juni, Ende August bis Anfang November, jeweils Dienstag bis Freitag ab 17.00 Uhr, Samstag ab 16.00 Uhr
Lage / Erreichbarkeit: Von der Bundesstraße B 3 fährt man Richtung Ortszentrum von Spitz; vom Kirchenplatz (Parkmöglichkeit) zweigt rechts die schmale Rote-Tor-Gasse ab. Frau Elisabeth Lagler betreibt das komfortable, nahegelegene Hotel Garni „Weinberghof“

JOSEF UND ILSE MAIER - GEYERHOF
3511 Oberfucha 1
Telefon 0 27 39 / 22 59
Charakteristik: 1135 erstmals urkundlich erwähntes Gut;
Wein- und Ackerbau auf organisch-biologischer Grundlage; liebevoll angerichtete kalte Speisen, fruchtige Weine, Obst- und Weinbrände. Mitglied der „Traditionsweingüter“ und des Bio-Verbandes „Ernte für das Leben“. Preise**
Ausschankzeiten: auf Anfrage, täglich ab 16.00 Uhr
Lage / Erreichbarkeit: Ausfahrt Krems Süd von der Schnellstraße

S 33, Richtung Göttweig bzw. St. Pölten; nach knapp einem Kilometer links abbiegen, nach wiederum etwa einem Kilometer rechts nach Oberfucha (Schilder). Gästezimmer

ILSE MAZZA

3610 Weißenkirchen 124

Telefon 0 27 15 / 23 00

Charakteristik: Terrassenartiger Garten mit Blick auf die Kirche und in die Weinberge von Weißenkirchen; im Gastraum eine Baumpresse aus dem Jahr 1695, die nach wie vor verwendet wird;
typische kalte Wachauer Jause, naturbelassene Weine. Mitglied der „Vinea Wachau". Preise**

Ausschankzeiten: auf Anfrage, täglich ab 15.00 Uhr

Lage / Erreichbarkeit: Die Zufahrt mit dem Auto zum Weingut ist zwar möglich, aber nicht anzuraten, weil sehr schmal; vom Zentrum von Weißenkirchen (Parkmöglichkeiten) führt ein ausgeschilderter Fußweg - etwas steil, aber es sind nur 150 Meter - zum Heurigen

GÜNTER UND RENATE NASTL

Gartenzeile 17

3550 Langenlois

Telefon 0 27 34 / 29 03

Charakteristik: Rustikaler Heuriger des engagierten jungen Winzerehepaares Nastl; Sausemmel (Brötchen mit Bratenfett, Schweinebraten und Zwiebel), verschiedene Brote und warme Schmankerl; Weinspezialität ist der Frührote Veltliner. Jungweinpräsentation, Kinderheuriger, Kellerbesichtigung. Preise**

Ausschankzeiten: auf Anfrage, täglich ab 16.00 Uhr

Lage / Erreichbarkeit: Vom Zentrum von Langenlois fährt man Richtung Zwettl bzw. Gföhl; fast am Ortsende liegt linker Hand das Weingut. Parkmöglichkeit

NIKOLAUS UND CHRISTINE SAAHS - WEINSTUBE NIKOLAIHOF

Nikolaigasse 77

3512 Mautern an der Donau

Telefon 0 27 32 / 82 901

Charakteristik: Innerhalb eines der ältesten Weingüter Österreichs finden sich Reste römischer Mauern; Innenhof mit einer riesigen Linde, gemütliche Stuben. Die Weine werden nach biologischen

Grundsätzen gekeltert (darf als erstes Weingut Österreichs die staatliche Bio-Plakette tragen), gekocht wird mit „Lebensmitteln" von Waldviertler Bauern statt mit "Nahrungsmitteln"; das Brot ist selbstgebacken, traditionelle Heurigengerichte (auch als „Buffet am Tisch") werden ebenso angeboten wie Schmankerl von Gemüse und Getreide. Mitglied der „Vinea Wachau". Preise***
Ausschankzeiten: Ende März bis Anfang Juli, Ende August bis Anfang Dezember Mittwoch bis Freitag ab 17.00 Uhr, Samstag ab 12.00 Uhr
Lage / Erreichbarkeit: zentral in Mautern

JOHANN UND MONIKA SCHMELZ
3610 Joching 14
Telefon 0 27 15 / 24 35
Charakteristik: Wachauer Winzerhaus mit terrassenartigem Innenhof; die Weine von Johann Schmelz haben ebenso hohes Niveau wie die Küche seiner Frau Monika, die unter anderem Blunzentascherl und Grammelknödel sowie eine große Käseauswahl offeriert und ein „vegetarisches Grammelschmalz" kreiert hat.
Mitglied der „Vinea Wachau". Preise**
Ausschankzeiten: auf Anfrage, täglich ab 15.00 Uhr.
Hausmesse Ende April / Anfang Mai
Lage / Erreichbarkeit: im Ort; eigener Parkplatz

FAMILIE MICHAEL SCHWEIGHOFER
3601 Oberloiben 11
Telefon 0 27 32 / 84 337
Charakteristik: Kleiner, typisch-rustikaler Buschenschank mit ruhiger Laube und Kellerstüberl; kalte Jausengerichte, z. B. Hausgeselchtes. Mitglied der „Vinea Wachau". Preise**
Ausschankzeiten: auf Anfrage, täglich ab 14.00 Uhr
Lage / Erreichbarkeit: in den ortsnahen Weingärten Richtung Unterloiben; zwei Zugänge; eigener Parkplatz

PAUL STIERSCHNEIDER - URBANUSHOF
3601 Oberloiben 17
Telefon 0 27 32 / 72 750
Charakteristik: Wachauer Winzerhaus mit Statue des Heiligen Urban als Hauszeichen; gemütliche Stüberln, Innenhof und Garten, von

dem aus man die Ruine von Dürnstein sehen kann; kalte Heurigen-schmankerl, Käseplatte. Mitglied der „Vinea Wachau". Preise**
Ausschankzeiten: auf Anfrage, täglich ab 16.00 Uhr
Lage / Erreichbarkeit: im Ort; kleiner Parkplatz

SCHLOSSHEURIGER WALKERSDORF - FAMILIE GRAF STUBENBERG
Schloß Walkersdorf
3492 Etsdorf
Telefon 0 27 35 / 23 10
Charakteristik: Von der Familie Graf Stubenberg umsorgt, genießt der Gast die Ruhe im Schloßhof mit alten Bäumen oder nimmt in der Stube Platz. Mitglied der „Traditionsweingüter". Preise**
Ausschankzeiten: Mitte Jänner bis Mitte Februar, Mai, Ende August bis Ende September, jeweils Freitag bis Sonntag und Feiertag ab 16.00 Uhr
Lage / Erreichbarkeit: Von der B 34 biegt man (von Wien kommend) kurz nach Etsdorf links ab und folgt den Schildern (circa ein Kilometer); Parkplatz

Weinviertel

Anreise

Nach Korneuburg von Wien über die A 22 - Donauuferautobahn, Ausfahrt Korneuburg West (circa 20 Kilometer).
Nach Mailberg von Wien über die A 22 - Donauuferautobahn, die bei Stockerau Nord in die Bundesstraße B 303 (Richtung Hollabrunn) übergeht; nach Hollabrunn weiter auf der Bundesstraße B 2 Richtung Grenzübergang Kleinhaugsdorf; in Haugsdorf auf die B 45 rechts abbiegen Richtung Laa an der Thaya; nach Obritz zweigt rechts die Landesstraße LH 20 nach Mailberg ab (von Wien circa 80 Kilometer).
Von Wien über die Bundesstraße B 7 nach Poysdorf (circa 65 Kilometer) und weiter über die Landesstraße LH 23 nach Falkenstein.

FRANZ UND HELGA BRUNTHALER - ALTES PRESSHAUS IM ZIPF
2024 Mailberg
Telefon 0 29 43 / 31 36 (Wohnung)

Charakteristik: Rustikaler Buschenschank in einer denkmalgeschützten Kellergasse; bodenständige kalte Jause. Preise*
Ausschankzeiten: März, Mai, Juli, September jeweils 4 Wochenenden, Freitag ab 18.00 Uhr, Samstag ab 17.00 Uhr, Sonn- und Feiertag ab 15.00 Uhr
Lage / Erreichbarkeit: Kellergasse

LEO JAUK
Marktplatz 54
2162 Falkenstein
Telefon 0 25 54 / 217
Charakteristik: Heurigenschank in einem Keller aus dem 14. Jahrhundert, ein ehemaliger Zehentkeller und Getreidespeicher, kleiner Innenhof mit Laube; kaltes Buffet und warme Schmankerl von der Karte. Preise*(*)
Ausschankzeiten: März bis Oktober Freitag ab 17.00 Uhr, Samstag, Sonn- und Feiertag ab 14.00 Uhr
Lage / Erreichbarkeit: im Zentrum von Falkenstein

HEURIGER LATERNDL-PFAFFL / HEIDI UND ROMAN PFAFFL
Leobendorfer Straße 7
2100 Korneuburg
Telefon 0 22 62 / 739 20 oder 67 34 23
Charakteristik: Traditioneller Heuriger des besten Winzers der Region mit kaltem Buffet (viele Aufstriche) und warmen Speisen von der Karte sowie Spezialitäten je nach Jahreszeit; große Auswahl von Bouteillenweinen, die glasweise ausgeschenkt werden. Preise**
Ausschankzeiten: auf Anfrage, täglich außer Montag ab 15.30 Uhr.
Lage / Erreichbarkeit: Autobahnausfahrt (A 22) Korneuburg West

Wer einmal das österreichische Weinland entdeckt hat, der will nicht wieder fort...

Thermenregion

Anreise

Von Wien über die A 2 Südautobahn; nach Gumpoldskirchen Ausfahrt Wiener Neudorf, weiter über die Bundesstraßen B 11 und B 17; Traiskirchen und Baden haben eigene Ausfahrten von der A 2 (von Süden kommend Ausfahrten nur in Baden und in Wiener Neudorf); von der Ausfahrt Baden fährt man über die Bundesstraße B 210 Richtung Baden und dann links Richtung Bad Vöslau über die B 212 nach Sooß.

Nach Teesdorf von der Ausfahrt Traiskirchen (oder Baden von Süden) über die Bundesstraße B 17 Richtung Wiener Neustadt; beim Fahrtechnikzentrum (ÖAMTC) links nach Teesdorf abbiegen. Außerdem kann man Gumpoldskirchen mit der Südbahn (Abfahrt Wien / Südbahnhof oder Wien / Meidling) erreichen, Traiskirchen mit der Badner Bahn (Abfahrt Zentrum Wien vis-à-vis der Staatsoper, mehrere Haltestellen in Wien); nach Sooß gelangt man von Baden aus mit dem Bus.

WEINGUT KARL ALPHART

Wienerstraße 46

2514 Traiskirchen

Telefon 0 22 52 / 523 28

Charakteristik: Gepflegter Gastgarten, vor kurzem neu gestaltete Innenräume; reichhaltiges kaltes und warmes Buffet; von den Weinen ist besonders der Neuburger zu empfehlen; großer, abseits gelegener Kinderspielplatz. Mitglied „Thermenwinzer". Preise**(*)

Ausschankzeiten: auf Anfrage, Montag bis Freitag ab 15.00 Uhr, Samstag, Sonn- und Feiertag ab 11.30 Uhr

Lage / Erreichbarkeit: Von Gumpoldskirchen bzw. Wien auf der B 17 kommend am Ortsanfang von Traiskirchen, gleich links nach dem Kreisverkehr. Eigener Parkplatz

FAMILIE BIEGLER

Wiener Straße 16-18

2352 Gumpoldskirchen

Telefon 0 22 52 / 62 196

Charakteristik: Traditioneller Heuriger mit angenehmem Garten, und familiärer Atmosphäre. Mitglied „Thermenwinzer". Preise**

Ausschankzeiten: auf Anfrage, täglich ab 11.30 Uhr
Lage / Erreichbarkeit: im Zentrum von Gumpoldskirchen

WEINGUT ENGELBERT UND CHRISTIAN FISCHER
Hauptstraße 33
2500 Sooß
Telefon 0 22 52 / 87 1 30-0
Charakteristik: Sehr schöner Garten und einladende Stuben; die Damen des Hauses - Mutter Erika und Christians Frau Veronika - kümmern sich um das ausgezeichnete Buffet; sehr gute Rotweine. Mitglied „Thermenwinzer". Preise***
Ausschankzeiten: auf Anfrage, wochentags ab 12.00, Samstag, Sonn- und Feiertag ab 11.00 Uhr
Lage / Erreichbarkeit: im Ort; Parkplatz

FAMILIE JOHANN GISPERG
Hauptstraße 14
2524 Teesdorf
Telefon 0 22 53 / 814 64
Charakteristik: Heuriger in einem gemischten landwirtschaftlichen Betrieb; kaltes und warmes Buffet, eigene Erdäpfel (auch zum Mitnehmen), hausgemachter Schmerstrudel. Preise**
Ausschankzeiten: je zwei Wochen im März und September, täglich ab 10.30. Im Juni „Tage der offenen Tür"
Lage / Erreichbarkeit: im Ort (nach der Ortseinfahrt, von der B 17 kommend, rechts)

JOHANN UND MICHAELA STADLMANN
Wiener Straße 41
2514 Traiskirchen
Telefon 0 22 52 / 52 343
Charakteristik: Ruhiger Innenhof mit altem Rebstock, gemütliche Stuben; hervorragendes warmes und kaltes Buffet; Weinspezialität ist der Zierfandler.
Mitglied „Thermenwinzer". Preise**(*)
Ausschankzeiten: auf Anfrage, Montag bis Samstag ab 16.00 Uhr, Sonn- und Feiertag ab 11.00 Uhr
Lage / Erreichbarkeit: im Ort an der B 17 (von Wien kommend rechts) - am Turm zu erkennen

FAMILIE RICHARD THIEL - KREMSMÜNSTERHOF

Badener Straße 11

2352 Gumpoldskirchen

Telefon 0 22 52 / 623 72

Charakteristik: Ehemaliger Lesehof des Stiftes Kremsmünster mit großem Garten, Terrasse und schöner Aussicht; jede Ausschankperiode steht unter einem kulinarischen Motto; selbstgemachter Essig. Mitglied „Thermenwinzer". Preise**

Ausschankzeiten: auf Anfrage, wochentags ab 14.00 Uhr, Samstag und Sonntag ab 11.00 Uhr

Lage / Erreichbarkeit: im Ort an der Weinstraße. Parkplatz vis-à-vis

Noch ruht der Garten, aber der Wirt ist schon da und die Tafel verrät, wo man ihn findet.

Neusiedlersee

Anreise

Von Wien über die A 4 Ostautobahn, Ausfahrt Bruck an der Leitha West, und weiter über die Landesstraßen LH 166 und LH 164 nach Höflein (ist ausgeschildert; Entfernung von Wien circa 45 Kilometer).
Nach Jois Ausfahrt Neusiedl/See, weiter auf der Bundesstraße B 50 Richtung Eisenstadt (Entfernung von Wien circa 55 Kilometer).
Nach Rust von Wien über die A 2 Südautobahn, beim Knoten Guntramsdorf weiter auf die A 3 Richtung Eisenstadt; von der Ausfahrt Eisenstadt Süd über die B 52 nach Rust (Entfernung von Wien etwa 60 km).

FAMILIE ARTNER
2465 Höflein bei Bruck an der Leitha 33
Telefon 0 21 62 / 631 42 oder 631 48
Charakteristik: Man sitzt im Innenhof mit Blumen, im kleinen Schankraum oder in der Scheune; von den Heurigenschmankerln sind verschiedene Gerichte mit Ziegenkäse - z. B. im Speckmantel gebraten oder in einer süßen Variante mit Früchten und Honig - empfehlenswert; die Käse werden von einem Sohn der Familie erzeugt. Hinter der Scheune gibt es einen Spielplatz und einen Streichelzoo mit kleinen Ziegen. Sekt und Trebernbrände. Preise**
Ausschankzeiten: jeweils 10 bis 14 Tage im Mai, Ende Juni/Anfang Juli und im August; täglich ab 16.00 Uhr
Lage / Erreichbarkeit: im Ort. Höflein ist etwa 15 Kilometer vom Neusiedlersee entfernt, liegt aber „am Weg“ von Wien zum See oder umgekehrt

LEO HILLINGER
Untere Hauptstraße 35
7093 Jois
Telefon 0 21 60 / 83 17
Charakteristik: Hier ist man wirklich mitten im Weinbaubetrieb Gast, sei es im Kellerstüberl, sei es im terrassenartigen Hof; Weinhauerjause, heiße Ofenkartoffeln, Zwiebel- und Gemüsekuchen. Verschiedene Veranstaltungen (Jazzbrunch, Martinigansl-Essen, Verkostungen, ...). Preise**

Ausschankzeiten: Ostern bis Ende September täglich außer Donnerstag ab 15.00 Uhr
Lage / Erreichbarkeit: im Ort

PETER UND URSULA SCHANDL
Hauptstraße 20
7071 Rust
Telefon 0 26 85 / 265
Charakteristik: Altes, revitalisiertes Winzerhaus; im Hof Oleander und Zwetschgenbäume; kaltes Buffet und warme Gerichte, z. B. Blunzn auf Rieslingkraut. Dazu werden die passenden Weine glasweise ausgeschenkt; unbedingt kosten sollte man einen der Süßweine. Sekt. Preise**
Ausschankzeiten: Ostern bis Oktober wochentags ab 16.00 Uhr, Samstag, Sonn- und Feiertag ab 10.00 Uhr, Dienstag Ruhetag
Lage / Erreichbarkeit: im Zentrum

Südburgenland

Anreise

Von Wien über die A 2 Südautobahn, Ausfahrt Friedberg - Pinggau (Entfernung von Wien etwa 100 Kilometer), weiter über die Bundesstraße B 63 Richtung Grenzübergang Schachendorf über Pinkafeld, Oberwart, Großpetersdorf. Entlang der ungarischen Grenze führt die Bundesstraße B 56 = Pinkataler Weinstraße von Norden (Rechnitz) über Eisenberg und Deutsch-Schützen nach Süden bis Moschendorf und - etwas abseits - Heiligenbrunn.
Von Graz / von Süden über die A 2 Südautobahn Ausfahrt Ilz - Fürstenfeld, weiter über die Bundesstraße B 65 Richtung Grenzübergang Heiligenkreuz (Vorsicht Stau!), ab Heiligenkreuz über die Bundesstraße B 57 nach Güssing, dort auf die B 56
oder bei der Ausfahrt Lafnitztal über die Bundesstraße B 50 Richtung Oberwart, weiter über die Umfahrung B 63a auf die Bundesstraße B 63 Richtung Grenzübergang Schachendorf.

HERMANN UND MARTHA KRUTZLER
7474 Deutsch-Schützen
Telefon 0 33 65 / 22 42 oder 22 55
Charakteristik: Preßhaus und Keller oberhalb des Ortes in der

„Ried Weinberg", von wo man nach Ungarn sieht; kalte Schmankerl (eigene Schweinezucht), ausgezeichnete Rotweine. Preise**
Ausschankzeiten: In der ersten Septemberhälfte täglich; sonst in den Sommermonaten am Wochenende für Weineinkäufer nach Voranmeldung
Lage / Erreichbarkeit: Im Kellerviertel oberhalb des Ortes

WEINGUT WACHTER - ARKADENHOF
7474 Deutsch-Schützen
Telefon 0 33 65 / 22 45
Charakteristik: Von der Terrasse unter den Arkaden des Kellergebäudes hat man einen schönen Blick über die Weingärten. Im Hof unten im Dorf werden Schweine gehalten, und es gibt auch eine eigene Selchkammer; im Buschenschank unbedingt probieren sollte man ein Schmalzbrot und Grammelpogatscherl (wenn es sie gibt). Preise**
Ausschankzeiten: Jänner bis Dezember, Samstag und Sonntag ab 14.00 Uhr
Lage / Erreichbarkeit: Im Kellerviertel oberhalb des Ortes

MARIA SAMMER
Kellergasse / linke Seite
7522 Heiligenbrunn
(Wohnadresse: Grabenstraße 55, 7540 Güssing,
Telefon 0 33 22 / 434 47)
Charakteristik: Die alten Kellerhäuschen, mit Roggenstroh gedeckt, auf der linken Seite der Heiligenbrunner Kellergasse stehen als Ensemble unter Denkmalschutz. Der „Ausschank" von Maria Sammer ist zwar mehr ein Hobby, aber es macht ihr Spaß, Gäste mit Uhudler und Grammelschmalzbrot zu bewirten. Preise*
Ausschankzeiten: Bei Schönwetter ab Mittag
Lage / Erreichbarkeit: Kellergasse Heiligenbrunn, linke Seite

Südsteiermark und Südoststeiermark

Anreise

→ IN DIE SÜDSTEIERMARK

Von München / Salzburg über die A 1 Westautobahn Richtung Linz, beim Voralpenkreuz auf die A 9 Pyhrnautobahn (noch nicht durchgehend ausgebaut) Richtung Graz und Spielfeld / Slowenien (Entfernung Graz West - Spielfeld etwa 40 Kilometer).
Von Passau über die A 8 Innkreisautobahn Richtung Wels, bei Wels Nord auf die Bundesstraße B 138 Richtung Sattledt, dort auf die A 1 Westautobahn Richtung Salzburg (eine Autobahnverbindung zwischen A 8 Knoten Wels zur A 1 Voralpenkreuz ist geplant), beim Voralpenkreuz auf die A 9 Pyhrnautobahn Richtung Graz und Spielfeld / Slowenien.
Von Wien über die Südautobahn A 2 Richtung Graz, beim Knoten Graz-West auf die A 9 - Pyhrnautobahn Richtung Spielfeld / Slowenien.
Nach Kitzeck / Sausal Ausfahrt Leibnitz, weiter über die Bundesstraße B 74, in Fresing rechts abbiegen nach Kitzeck; Ausfahrt Vogau - Straß über die Bundesstraße B 69 nach Ehrenhausen, Gamlitz, Leutschach; von Ehrenhausen auf die Südsteirische Weinstraße. Abseits der Bundesstraßen sind die Straßen oft schmal, kurvig und zum Teil steil; Vorsicht wegen der freilaufenden „glücklichen Hühner“ und Katzen! Nicht verzweifeln sollte man bei der Suche nach den Buschenschenken, die sich meist nicht im Ort selbst, sondern in den Katastralgemeinden* mitten in den zugehörigen Weingärten befinden; auf guten Straßenkarten sind die Katastral-gemeinden eingezeichnet, das hilft etwas, und die meisten Buschenschenken sind ausgeschildert (grüne Tafeln). Im übrigen: durchfragen.

→ IN DIE SÜDOSTSTEIERMARK

Von Wien über die Südautobahn A 2 Ausfahrt Hartberg (Entfernung von Wien circa 120 Kilometer), weiter auf der Bundesstraße B 54 Richtung Gleisdorf bzw. Graz und erreicht nach etwa 20 Kilometern Kaibing.

**Katastralgemeinde: Verwaltungseinheit innerhalb einer Gemeinde; quasi ein Ortsteil mit eigenen Verwaltungseinheiten.*

Ausfahrt Ilz - Fürstenfeld (Entfernung von Wien circa 140 Kilometer), weiter auf der Bundesstraße B 65 Richtung Ilz / Gleisdorf, in Ilz links auf die B 66 Richtung Riegersburg und - weiter Richtung Bad Radkersburg, wenige hundert Meter abseits der Bundesstraße - nach Straden (circa 45 Kilometer ab Autobahnausfahrt). Fährt man von der Ausfahrt Ilz auf der Bundesstraße B 65 Richtung Fürstenfeld, so erreicht man nach etwa 3 Kilometern Großwilfersdorf; hier biegt man rechts Richtung Maierhofen ab. Von der Südsteiermark aus erreicht man die Südoststeiermark am besten über die Bundesstraße B 69 via Straß und Mureck Richtung Bad Radkersburg; von der B 69 zweigt die B 66 Richtung Bad Radkersburg ab.

KARL BREITENBERGER

Kaibing 71

8221 Hirnsdorf

Telefon 0 31 13 / 87 71

Charakteristik: Einfacher, typisch bäuerlicher Buschenschank; selbstgemachte Blutwurst, Schmalz, ... auch zum Mitnehmen. Preise*

Ausschankzeiten: Ostersonntag bis 1. Advent-Sonntag, täglich ab 10.00 Uhr

Lage / Erreichbarkeit: Von Hartberg kommend in Kaibing rechts. Parkmöglichkeit

CHRISTIAN UND SYLVIA CRAMER - WEINGUT ALBERT

Gauitsch 19

8442 Kitzeck

Telefon 0 34 56 / 22 39

Charakteristik: Von der Terrasse aus schöner Blick über die steilen Weingärten von Kitzeck zur Kirche; getäfelte Stube im jahrhundertealten Bauernhaus. Hausgemachte Jause, z. B. Sulz vom Huhn oder Osso Collo mit wildem Rucola (Rauke) aus dem Weingarten. Sekt und verschiedene Brände, Weinessig. Preise**

Ausschankzeiten: ganzjährig ab 14.00 Uhr, Donnerstag Ruhetag

Lage / Erreichbarkeit: In Kitzeck beim „Tischlerwirt" abbiegen, nach circa 500 Metern liegt in einer Kurve rechts das Weingut. Parkmöglichkeit. Gästezimmer

ULI UND DIETER FIRMENICH - STEINBERGHOF

8461 Berghausen 62

Telefon 0 34 53 / 24 35

Charakteristik: Terrasse mit Blick bis in die Oststeiermark, gemütliche Stube mit Aquarellen von Dieter Firmenich. Uli Firmenich bereitet die köstlichen, phantasievollen Jausen zu, z.B. Wildschweinsalami mit Kürbiskernbutter, Kräuterleberpastete mit Ribiselgelee. Preise**

Ausschankzeiten: ganzjährig ab Mittag, Mittwoch Ruhetag, geschlossen je eine Woche im Juli und im August

Lage / Erreichbarkeit: In Ehrenhausen - Richtung Gamlitz - von der B 69 beim Raiffeisen-Lagerhaus links Richtung Ottenberg abbiegen und den Schildern „Steinberghof" folgen; ist auch von der südsteirischen Weinstraße aus erreichbar - an der Abzweigung steht ein Schild. Parkmöglichkeit

ALOIS UND ULRIKE GROSS

8461 Ratsch an der Weinstraße

Telefon 0 34 53 / 25 27

Charakteristik: der gemütliche Buschenschank wird von den Eltern von Alois Gross geführt und dient hauptsächlich als kommunikatives Umfeld für Weineinkäufer - Alois Gross zählt zu den besten steirischen Winzern. Die Jause ist von Mutter Maria selbstverständlich hausgemacht; sehr gut ist das Verhackert. Preise**

Ausschankzeiten: April (Ostern) bis Mitte Juli, Mitte August bis Oktober, täglich 14.00 - 19.00 Uhr

Lage / Erreichbarkeit: Ratsch ist entweder von der südsteirischen Weinstraße aus oder von Gamlitz zu erreichen. Parkmöglichkeit

WOLFGANG UND MARIA MAITZ - REBENBURG

Ratsch an der Weinstraße 45

8461 Ehrenhausen

Telefon 0 34 53 / 21 53

Charakteristik: traditioneller Buschenschank im besten Sinn, schöne Lage, typische Jausen, z. B. Kübelwürste mit Verhackert, fruchtig-elegante Weine, z. B. Traminer. Preise*(*)

Ausschankzeiten: Ostern bis Oktober, täglich ab 14.00 Uhr; Dienstag Ruhetag

Lage / Erreichbarkeit: Der Buschenschank ist von der südsteirischen

Weinstraße aus zu erreichen, an der Abzweigung steht eine Hinweistafel. Parkplatz. Gästezimmer

ALBERT UND ANNI NEUMEISTER - SAZIANI STUB'N

8345 Straden 42

Telefon 0 34 73 / 308

Charakteristik: Die Qualität der Weine von Albert Neumeister hat sich in den letzten Jahren kontinuierlich gesteigert; Anni Neumeister serviert dazu feine Heurigenschmankerl. Die Stuben sind ländlich-gemütlich eingerichtet, von der Laube hat man eine schöne Aussicht über das oststeirische Vulkan-Hügelland. Preise**

Ausschankzeiten: März bis Oktober, Dienstag bis Samstag ab 14.00 Uhr

Lage / Erreichbarkeit: am Ortsrand (Schilder). Parkplatz

REINHOLD UND JOHANNA POLZ

Graßnitzberg 54

8471 Spielfeld

Telefon 0 34 53 / 23 01

Charakteristik: Ein für steirische Verhältnisse großes und bekanntes Weingut, das von den Söhnen Erich und Walter geführt wird. Mutter Johanna ist eine ausgezeichnete Köchin; sie offeriert die typischen Jausen, verschiedene Aufstriche und Mehlspeisen, zu denen man nicht nein sagen kann, z.B. Stanglkrapfen (Germstrauben). Preise**

Ausschankzeiten: täglich außer Sonntag ab 15.00 Uhr

Lage / Erreichbarkeit: am besten von der südsteirischen Weinstraße; oder man biegt, Richtung Slowenien fahrend, kurz vor dem Grenzübergang (letzte Möglichkeit) von der Bundesstraße B 67 rechts ab und fährt durch eine schmale Bahnunterführung bergwärts zum Weingut (diese Möglichkeit ist an Tagen mit hohem Verkehrsaufkommen am Grenzübergang nicht empfehlenswert). Parkmöglichkeit

GITTA UND KLAUS RUPP - BIOBUSCHENSCHANK

Obegg 11

8471 Spielfeld / Telefon 0 34 53 / 4017

Charakteristik: Biobauernhof, Schwerpunkt sind Milchschafe und Lämmer. Besonders zu empfehlen sind Produkte der eigenen Schafe, zum Beispiel echter Liptauer (mit Brimsen), verschiedene Käse, Selchwürstel vom Lamm. Preise**(*)

Ausschankzeiten: März bis Weihnachten ab 15.00 Uhr; im Frühjahr und Herbst Montag und Dienstag Ruhetag
Lage / Erreichbarkeit: von der Autobahnausfahrt Spielfeld (A 9) die Bundesstraße B 67 überqueren, Richtung Berghausen / Südsteirische Weinstraße; ab hier ist der Weg ausgeschildert; an Tagen mit hohem Verkehrsaufkommen am Grenzübergang Spielfeld ist es besser, über Ehrenhausen und die südsteirische Weinstraße zu fahren - quasi „von oben“ zu kommen. Parkmöglichkeit

PETER UND ANNA SKOFF
Kranachberg 50
8462 Gamlitz
Telefon 0 34 54 / 61 04-0
Charakteristik: Abseits und wunderbar ruhig gelegen, überdachte Terrasse mit herrlicher Aussicht auf das südsteirische Hügelland. Die Weine von Peter Skoff gelten (noch) als Geheimtip; typische Brettljause und selbstgebackene Mehlspeisen. Preise**
Ausschankzeiten: ganzjährig, kein Ruhetag
Lage / Erreichbarkeit: Von Gamlitz auf der Bundesstraße B 69 Richtung Leutschach, beim Ortsende von Kranachberg rechts abbiegen; ab hier ist der Weg ausgeschildert (circa 2,5 Kilometer). Parkmöglichkeit. Gästezimmer

WALTER UND EVELYN SKOFF
Eckberg 16
8462 Gamlitz
Telefon 0 34 53 / 42 43
Charakteristik: Beliebter und meist gut besuchter Buschenschank, Terrasse mit schöner Aussicht; die ganze Familie ist für die Gäste im Einsatz. Preise**
Ausschankzeiten: ganzjährig ab 14.00 Uhr; Mittwoch Ruhetag
Lage / Erreichbarkeit: In der Ortsmitte von Gamlitz biegt man Richtung Eckberg ab; das Weingut liegt nach etwa 2 Kilometern rechter Hand. Parkmöglichkeit. Gästezimmer

MARIA UND JOHANNES SÖLL
Steinbach 63a
8462 Gamlitz
Telefon 0 34 54 / 66 67

Charakteristik: Das junge Ehepaar Söll hat erst vor wenigen Jahren das alte Haus behutsam umgebaut und neu gestaltet. Gartenterrasse und verandaartige Stube. Hausgemachte Jause, am Wochenende Mehlspeisen. Edelbrände. Preise**
Ausschankzeiten: ganzjährig außer Weihnachten ab 14.00 Uhr
Lage / Erreichbarkeit: Von Gamlitz auf der Bundesstraße B 69 Richtung Leutschach, nach dem Ortsende von Gamlitz biegt man links und gleich wieder rechts Richtung Sernau ab (Schilder); von hier sind es noch knapp 4 Kilometer. Parkplatz. Gästezimmer

KARL THALLER
Maierhofbergen 24
8263 Großwilfersdorf
Telefon 0 33 87 / 29 24
Charakteristik: Von der großzügigen Terrasse Blick zur Riegersburg; innen neo-rustikal; Nichtraucherraum; Kinderspielplatz; Sekt. Preise**
Ausschankzeiten: März bis Dezember, Mittwoch bis Sonntag ab 16.00 Uhr. Geschlossen 2 Wochen im August.
Lage / Erreichbarkeit: Man fährt (von Großwilfersdorf kommend) auf der Hauptstraße von Maierhofen weiter leicht bergauf; am Hügel liegt rechts das Weingut (Schild). Parkplatz

Folgt man den Hinweisschildern und den köstlichen Düften, kommt man ans Ziel.

Nachmittag war noch alles gut und schön, und jetzt bin ich ein verlorener Mensch und muß mich totschießen... Es ist ein Elend! Und die andern werden im Weingartl sitzen beim Nachtmahl, als wenn gar nichts g'wesen wär' - so wie wir alle im Weingartl g'sessen sind, noch am Abend nach dem Tag, wo sie den Lippay hinausgetragen haben... Und der Lippay war so beliebt... sie haben ihn lieber g'habt, als mich, beim Regiment - warum sollen sie denn nicht im Weingartl sitzen, wenn ich abkratz'?

Arthur Schnitzler: Leutnant Gustl

Weststeiermark

Anreise

Bis Graz siehe Südsteiermark; bei Graz weiter auf der A 2 Südautobahn Richtung Klagenfurt bis zur Ausfahrt Lieboch (Entfernung von Graz-West 8 Kilometer); auf der Bundesstraße B 76 nach Stainz und Deutschlandsberg.
Von Süden kommend (wir bevorzugen diese Route auch von Graz aus) Ausfahrt Steinberg Richtung St. Stefan ob Stainz und Stainz.
Die Schilcherstraße führt westlich der B 76 von Ligist nach Deutschlandsberg, von dort weiter bis Eibiswald.
Die Straßen sind teilweise steil (einzelne Stellen bis 20 %), eng und kurvig.

FAMILIE WILHELM HACKL
Farmi 86
8511 St. Stefan ob Stainz
Telefon 0 34 63 / 811 10
Charakteristik: Abseits gelegener Buschenschank; wer bis hierher kommt, der läßt dafür auch die Mühe des Alltags hinter sich. Schilcher und Schilchersekt, eigene Schweinehaltung. Preise**
Ausschankzeiten: April bis November täglich außer Montag ab 13.00 Uhr
Lage / Erreichbarkeit: Von der Autobahnausfahrt Steinberg aus kommend biegt man gleich von der Straße St. Stefan / Stainz - Ligist rechts ab und folgt den Schildern; bis zum Buschenschank sind es noch etwa 5 Kilometer; oder man fährt bis St. Stefan, zweigt kurz nach der Ortseinfahrt beim Klapotez rechts ab und beim Sportplatz nochmals rechts (Schild). Parkmöglichkeit

ERICH JUD
Bahnhofstraße 6
8510 Stainz
Telefon 0 34 63 / 38 47
Charakteristik: Im Hof steht ein riesiger Rebstock - Überlieferungen zufolge soll er 200 Jahre alt sein. Traditioneller, einfacher Buschenschank; unbedingt kosten: Weinteigstrauben. Preise**
Ausschankzeiten: ganzjährig ab 10.00 Uhr; Dienstag Ruhetag
Lage / Erreichbarkeit: im Zentrum von Stainz

BUSCHENSCHANK KLUG VULGO VOLTL

Steinreib 14

8511 St. Stefan ob Stainz

Telefon 0 34 63 / 64 64

Charakteristik: Von der Terrasse mit Laube Blick in die Schilcherweingärten des Hochgrail und auf die aus den Wäldern herausragenden Turmspitzen von Schloß Stainz. Schilchersekt. Preise**

Ausschankzeiten: Mitte März bis Anfang November, täglich außer Dienstag ab 13.00 Uhr

Lage / Erreichbarkeit: Von Stainz fährt man Richtung St. Stefan ob Stainz und biegt links Richtung Reinischkogel bzw. Greisdorf ab; in Greisdorf wieder links Richtung Steinreib (ab hier ist die Zufahrt ausgeschildert) und nach einem kurzen Stück wieder scharf links (Straße ist zum Abbiegen erweitert). Parkplatz. Gästezimmer

EDUARD OSWALD VULGO TRAPL

Lestein 40

8511 St. Stefan ob Stainz

Telefon 0 34 63 / 810 82

Charakteristik: Eduard Trapls Geheimnis ist das Abfüllen seiner Weine in bestimmten Mondphasen. Im Garten des Gehöfts unter dem Nußbaum oder in der gemütlichen Stube genießt man hausgemachte Jausen und Mehlspeisen, verschiedene Schilchersorten und -sekt, im Oktober Schilchersturm. Preise**

Ausschankzeiten: März bis Juli, Oktober; Samstag, Sonn- und Feiertag ab 14.00 Uhr

Lage / Erreichbarkeit: In St. Stefan biegt man - von Stainz Richtung Ligist fahrend - beim Klapotez links ab; nach knapp einem Kilometer liegt links das Weingut. Parkplatz

BUSCHENSCHANK LAMPERTI-OSWALD

Teichweg 42

8530 Deutschlandsberg - Sulz

Telefon 0 34 62 / 22 10

Charakteristik: Ruhig gelegener Buschenschank, in dem sich Irene Lamperti um das Wohl der Gäste bemüht; verschiedene Jausen und belegte Brote; Kürbiskernaufstrich. Preise**

Ausschankzeiten: Mittwoch bis Sonntag ab 15.00 Uhr; geschlossen März, Juli, November

Lage / Erreichbarkeit: Von Deutschlandsberg aus fährt man Richtung Hebalpe und folgt ab dem Ortsende den Hinweisschildern zum Buschenschank (etwa 1 Kilometer)

BUSCHENSCHANK VORMEIER

8510 Greisdorf 14

Telefon 0 34 63 / 812 76

Charakteristik: Der Buschenschank im behutsam umgebauten Kellerstöckl von 1720 existiert erst seit 1993; angenehme Laube oberhalb der Weingärten. Außer Schilcher gibt es auch Weißwein, Edelbrände und Weinessig. Preise**

Ausschankzeiten: März bis November jeweils Donnerstag bis Sonntag ab 14.00 Uhr

Lage / Erreichbarkeit: Von Stainz fährt man Richtung St. Stefan ob Stainz und biegt links Richtung Reinischkogel bzw. Greisdorf ab

Wo kann man besser die Seele baumeln lassen als unter dem Laubendach eines Heurigen?!

Rezeptverzeichnis

Literatur

- Anwander, Berndt und Loidl-Reisch, Cordula: Kellergassen in Österreich. Wien 1989
- Dähnhard, Wolfgang: Atlas der österreichischen Weine. Bern 1995.
- ders.: Österreich. Küche, Land und Menschen. Weil der Stadt 1995
- ders.: Weinparadies Österreich. Düsseldorf 1996
- Hamtil, Kurt und Hauenstein, Christian: Die Reblaus. Wien 1991
- Horváth, Ödön von: Geschichten aus dem Wiener Wald. Werkausgabe. Frankfurt am Main 1978
- Hühnler, Harald und Lederer, Peter: Heurigenführer Niederösterreich. Wien 1996
- Maier-Bruck, Franz: Vom Essen auf dem Lande. Wien 1981
- Nestroys Werke in zwei Bänden. Berlin und Weimar 1969
- Qualtinger, Helmut: Der Herr Karl. Hamburg 1964
- Sinhuber, Bartel F.: Der Wiener Heurige. Wien 1996
- Steurer, Rudolf und Egle, Klaus: Wiener Heurigenführer. Wien 1996
- Strallhofer-Hödl, Heidelore: Die Mutter der Weinstraße. Graz 1992
- dies.: Der Weinkönig von Herrnberg. Graz 1993
- dies.: Höllerhansls Schilcherparadies. Graz 1994